OREMOS

Hermano Rafael

OREMOS

Colección de oraciones escogidas

Ediciones Karma.7
Colección "Espiritualidad"

Si desea que le mantengamos informado de las publicaciones que sobre éstos temas editemos, así como de Catálogos generales, remítanos sus datos personales a Ediciones Karma. 7. Avda. del Paral.lel, nº. 143. 08004 Barcelona. – Tel. (93) 325 79 88

1ª edición: Noviembre 1995
© Montserrat Tomás Plana
© Ediciones Karma.7

Depósito Legal B 43.938-95
ISBN 84-88885-24-5

Ilustración portada : Jesús
Ilustraciones texto: Archivo de Ediciones Karma.7

Printed in Spain
Impreso en España

Pre–Impresión : Fotomecánica Iberia, S.A.
Viladomat, 71 — 08015 Barcelona
Impresión : Romanyá / Valls, S.A.
Pl. Verdaguer, 1 — Capellades (Barcelona)

Dedicatoria

Para todos los que en este caminar por la vida se han sentido cansados alguna vez. Cuando no sepan a quién recurrir, si lo desean, pueden orar, con la certeza de que serán escuchados.

OREMOS

OREMOS significa orar, rezar. Se pueden emplear muchas y variadas posturas para rezar, para pedir, para suplicar. Los hay que rezan de pie, otros sentados, de rodillas, en el coche, en la cama cuando se acuestan, en la casa, en la habitación, etc., todas son buenas.

Quizá la fórmula más precisa consista en juntar las manos con los dedos, bien sean unidos o entrelazados. Modernamente también muchas gentes han asimilado la forma de rezar de los dignatarios de las religiones, cual puede ser el amplio gesto de brazos y manos para luego mantener las manos abiertas y separadas a la altura del pecho, tal como hacen los sacerdotes católicos en la actualidad al decir Misa, forma muy similar y parecida a la empleada por los antiguos sacerdotes egipcios. Cada vez que en los textos de oraciones de este libro se lea OREMOS u OREMUS, quiere significar que la postura a emplear en dicha oración debe ser ésta. Cuando así se hace, el que la realiza capta con este movimiento todas las energías universales positivas, dando más fuerza e ímpetu, si cabe, a la oración, para de esta manera contribuir a que lo que se pide se haga realidad.

INTRODUCCIÓN

Todas las oraciones aquí expuestas, han sido escritas con el mayor amor y la mejor intención, con el ánimo fiel de ayudar a aquel que quiera rezar, sirviéndole de impulso al mismo tiempo para elevarse hacia Dios, hacia su Creador, hacia la Positividad Total.

OREMOS está concebido, pues, para que tú, lector amigo que estás ojeando este libro, puedas inclinarte y comprender que rezando se puede alcanzar esa dicha "inalcanzable" dentro de ti mismo. Con la oración continuada permitimos que Él se manifieste a través nuestro, quedando nuestro espíritu con aquella maravillosa paz y armonía que quizá pocas veces en la vida habíamos conseguido lograr.

Los "mecanismos" de la oración son tres: la **Fe**, que es el punto de apoyo, la seguridad de que vamos a alcanzar aquello que en estos momentos cruciales de nuestra vida nos es tan necesario obtener. A continuación está la **Esperanza**, que es la palanca que puede hacer posible el "milagro", y como final la **Fuerza de la Oración**, que vence la resistencia y logra la demanda.

No tengamos ninguna duda al afirmar que la oración es la mayor fuente de energía que existe en el Universo. La oración todo lo puede, puesto que pone a nuestra disposición el poder infinito de Dios. Cristo nos dijo: "Cuando estéis necesitados y tengáis que pedirle algo a mi Padre, pedídselo en mi nombre y Él os lo concederá". Si tenemos la **Fe** suficiente para comprender este gran mensaje, el primer mecanismo de la oración estará resuelto.

La **Esperanza** es otra de las virtudes necesarias para que la oración dé el fruto solicitado. ¡Cómo no vamos a tener esperanza en Él si es el único que nos puede resolver el problema!

Y como colofón llegamos a la **Fuerza de la Oración**, que se obtiene rezando continuadamente y a poder ser cada día y a la misma hora.

Al escribir las líneas anteriores nos hemos referido a la Oración de Petición esperando una respuesta, pero es también importante que el lector sepa que existen otros dos tipos de oración: la Oración de Adoración y la Oración de Acción de Gracias.

Deseando que estas oraciones le ayuden, sólo me resta decir que aprovechen esta energía tan enriquecedora para lograr así esta "mini" felicidad, paz y armonía que a veces se consigue ya en este mundo a través de la oración.

El autor

12

1
La oración puede curar

LA ORACIÓN PUEDE CURAR

La evolución ha decretado que el hombre (y también la mujer) han de convertirse en tipos más nerviosos y sensitivos. Sin embargo, en esta sensibilidad, los pensamientos y emociones negativos producen un dolor y sufrimiento más intenso.

Y como dice H. Thomas, la mayoría no saben lo que es gozar de buena salud; no sólo sufren de pequeños achaques, como dolores de cabeza, indigestión, reumatismo, neuritis, sino que nunca se sienten total o plenamente bien. Les es desconocida la alegría de vivir. La vida no les hace vibrar; nada les acelera la sangre; no experimentan momentos de vívido éxtasis; en otras palabras, no viven, simplemente subsisten, condenados a una muerte lenta.

Por eso la mayoría son tan propensos y susceptibles a enfermedades infecciosas y epidemias; pero, si estuvieran realmente bien, serían inmunes.

Muchos consideran al mal y a la enfermedad como inevitables; sin embargo, lo cierto es que la salud es el estado normal del ser humano y que toda dolencia es sinónimo de anormalidad. Si buscamos el origen de la mala salud encontraremos que por lo general es debido a desobediencias a las leyes naturales. Gran número de personas infringen casi todas las leyes naturales conocidas y se sorprenden al ver que enferman. Encontraremos otras personas que obedecen todas las leyes físicas conocidas sobre la salud: se bañan, hacen ejercicio suficiente, comen y beben correctamente alimentos sanos y naturales, y tampoco así gozan de buena salud. Tenemos entonces que buscar en la mente, en el subconciente, en el pensamiento de estas personas el origen de esta mala salud.

El ser humano induce con sus pensamientos el malestar y la enfermedad. Pensar en el mal y en la enfermedad los introduce en el cuerpo. Los que siempre están pensando negativamente en males, enfermedades y operaciones, sus mismos pensamientos los llevan a ellos.

Los pensamientos morbosos producen un estado negativo en el cuerpo, y son la causa de que éste sea presa fácil de la enfermedad o de que caiga en un mal estado de salud. Consentir que los pensamientos giren en torno de cosas morbosas es seguir un camino seguro a la enfermedad y a la invalidez.

Tal como dice Henry Thomas Hamblin, el hombre no sólo se enferma a causa de sus propios pensamientos y emociones negativos, sino que además está bajo la influencia hipnótica de la mente de la raza. *El Dios de este mundo ha oscurecido las mentes de los que no creen.* Todos estamos más o menos bajo la influencia de una inmensa ilusión. El mal, la enfermedad y otras imperfecciones que vemos y experimentamos no son reales en la *Realidad*, sino que *existen en lo irreal.*

Aunque no son reales para la limitada conciencia presente. Al darnos cuenta de la verdad, pensando y viviendo bajo la luz y poder de ésta, la influencia hipnótica se rompe, aunque no por completo, pues si así fuese nunca

16

envejeceríamos; pero en tal medida que podamos gozar de una salud mucho mejor.

También estamos hipnóticamente afectados por las sugestiones que nos llegan desde mil fuentes distintas. Las conversaciones de los amigos y relaciones nos afectan adversamente. Su creencia en el mal y la enfermedad como realidades, y en su inevitabilidad, matiza la conversación, y, salvo que nos pongamos en guardia, esto nos afecta inconscientemente.

Los periódicos, revistas, libros, todos abundan en el mismo error y también nos influencian, a no ser que hayamos llegado a ser tan positivos que casi ya no nos afecten.

Desde innumerables fuentes recibimos la sutil sugestión de que el mal, la enfermedad, la infección, son realidades que no podemos eludir, ante las cuales nos hemos de doblegar. El efecto de esto, expresándolo en lenguaje simple y elemental, es que desvía el poder de la vida hacia cauces equivocados, produciendo así la enfermedad y la mala salud en lugar de perfección.

El estado anormal de enfermedad tiene que ceder su lugar al estado normal de la salud. Sin embargo, el estado anormal de salud se restablece cuando se comprende la Verdad y se vive bajo Su luz y poder.

La Verdad y la Perfección absoluta están tras de toda ilusión e imperfección de la vida de los sentidos. La salud se encuentra en la comprensión de la Verdad y de la perfección de la Realidad.

Se dice a menudo que la mala salud es consecuencia del pecado. Lo es, puesto que pensar en el mal, en la enfermedad, en la mala salud y creer que son inevitables, es uno de los pecados más grandes.

El rumbo de la vida es ir (pensar y obrar) tras el Espíritu (el cual es perfecto, completo, inmortal e incorruptible) y no tras de la carne (la corrupción, el mal, la enfermedad, la muerte). Al pensar *tras la carne,* afrentamos a Dios, Quien es el Todo y la Perfección absolutos, y nos apartamos de la Vida y el Poder Divinos.

Pero hay otras maneras por las cuales el erróneo pensar destruye la salud. Dar paso continuado a pensamientos lujuriosos es causa prolífica de desdichas, enfermedades y desarreglos nerviosos. Las fuerzas divinas de la vida son dirigidas por un canal equivocado, lo que provoca la indigencia y el inevitable debilitamiento del cuerpo, del cerebro y de la voluntad, o la depresión, con sus consiguientes enfermedades nerviosas.

Si consentimos que nuestros pensamientos revoloteen en la impureza, en una forma u otra eso nos traerá malos resultados, sea en acción o en mala salud, o en ambos. Al pensamiento se le ha de controlar y transmutar constantemente. No reprimirlo, sino transmutarlo, entiéndase bien, pues hay una diferencia muy grande entre ambos términos. La represión produce desarreglos nerviosos; pero, al trocar o transmutar los pensamientos, la vida se transforma y la salud corporal mejora de esta forma generosamente.

Asimismo, tolerar pensamientos de odio, resentimiento, mala voluntad, temor, preocupación, inquietud, pesar y ansiedad, produce mala salud, porque reducen la resistencia del cuerpo, y éste ofrece un camino fácil a la infección y la enfermedad.

Lo anterior nos demuestra que la condición de la mente y el carácter de los pensamientos son factores importantes que no podemos descuidar. Es inútil tratar de curar una dolencia o enfermedad si son meramente *efectos externos* de causas mentales ocultas. Para efectuar la cura tenemos que retroceder a la causa del trastorno y eliminarla a través de la oración.

La verdadera causa raíz de la desdicha, desarmonía y malestar es espiritual. Hasta que no se restablezca la armonía espiritual, el hombre es un reino dividido contra sí mismo, el cual como Cristo dijo, no puede subsistir. Las oraciones de Cristo fueron hechas por gracia del espíritu. Restablecida la armonía interna, perdonando los pecados, cambiando los deseos del corazón a través de unas oraciones continuadas, poniendo la voluntad propia en armonía con la Voluntad Divina, transformándonos así en caridad, plenitud de gozo y perfección, y no en enfermedad y miseria.

Podemos por lo tanto decir que orando de forma diaria nos es dado el lograr alcanzar una armonía suficiente en nuestro interior que además de hacernos más libres, nos aliviará las dolencias físicas que pueda tener el ser humano. Todo es cuestión de iniciar el recorrido poco a poco y sin pausa, y pronto veremos unos resultados tan sorprendentes que van a ayudarnos a continuar evolucionando y ascendiendo espiritualmente.

Antes de hacerte el propósito de rezar de forma continuada es importante te prepares lo mejor posible, para que tus vibraciones y cánticos de adoración lleguen hasta Él, facilitando esta relación entre la Energía Divina y tu corazón-sentimiento o sea tu yo auténtico. Esta oración puede hacerse momentos antes de recitar las que se han escogido para tal o cual necesidad.

2
Colección de oraciones escogidas

ORACIÓN DE ADORACIÓN

¡No tengas en cuenta, Padre nuestro mis errores y equivocaciones! Discúlpalos y perdóname; voy a procurar no tropezar otra vez con la misma piedra. Te alabo Señor y mi corazón vuelve gozoso la mirada hacia Tí. ¡Bendito seas! Oriéntame en la vida. Te doy gracias por haber nacido y por haber recibido tantas gracias que hasta me he olvidado de ellas: Nacido sano, posición estable, económica, social, política, hijos y compañero/a feliz. ¡Qué más puedo pedir, Señor, sino Adoraros! Y aunque no hubiera recibido nada, Dios mío, os pido, que si así lo deseárais me diérais antes las fuerzas precisas y necesarias para afrontar aquella situación.

Dicha oración es importante decirla cada día antes que las otras, pues allanan el camino para la solicitud de la necesidad que se va a solicitar a continuación. Encender una vela de color blanco durante unos quince minutos mientras se reza, sirve como de ofrenda floral. Si se tiene una lamparilla quemaperfumes se puede difuminar un poco de esencia de sándalo.

PLEGARIA A DIOS ANTE UN CASO IMPOSIBLE

Si esta oración se medita bien y se reza mejor, comprenderemos que nos abandonamos totalmente en sus brazos, ante la imposibilidad por nuestra parte de alcanzar lo que no está en nuestras manos.

Padre: dame la serenidad
para aceptar lo que
no puedo cambiar,
el valor para cambiar
lo que puede y debe
ser cambiado,
y la sabiduría
para saber distinguir lo uno
de lo otro.

Después de rezarle tres veces seguidas, pensar en el significado que entraña, y encender una vela roja quince minutos, el perfume más idóneo es aquí la mirra.

PLEGARIA PARA VIVIR MEJOR

Es más un conjunto de normas para armonizar la vida que una plegaria. Antiguamente eran muy utilizadas por los fieles, ya que así al repetirlas de forma continuada se iban quedando grabadas en el subconsciente de la persona obteniendo sus efectos.

Da si quieres enriquecerte;
Sirve, si quieres mandar;
Llora, si quieres ser consolado;
Ayuna, si quieres saciarte.

Aguanta, si quieres ser fuerte;
Sufre, si quieres comprender;
Haz el bien, si quieres ser bendecido.

Ama, si quieres triunfar.
Cree y tendrás la razón de tu vivir;
Espera y tendrás la fuerza que sostendrá tu vida;
Reza y tu espíritu se apaciguará y sanará.

Sonríe y darás confianza;
Ríete de ti mismo y vivirás mejor;
Cúbrete con la señal de la Cruz
en el nombre del Padre y del Hijo
y del Espíritu Santo,
y nada habrás de temer.
Amén.

ORACIÓN DEL SILENCIO, PARA CONSEGUIR PAZ

Enséñame, oh Dios, ese lenguaje del silencio
que lo dice todo. Muestra a mi alma a que permanezca
en silencio en Tu presencia.

Que pueda adorarte en lo profundo de todo mi ser,
sin esperar más cosas de Tí que tu santa voluntad.

Enséñame a permanecer callado bajo tu presencia
y a esperar que tu divina gracia me envuelva
bajo tu protección y me conceda las súplicas que
en este silencio te pido. Amén.

Santa Matilde.

26

ORACIÓN AL ESPÍRITU SANTO
PARA PEDIR ILUMINACIÓN PARA LA FAMILIA

Al empezar cualquier acto

Ven, Espíritu Santo,
llena los corazones de tus fieles,
y enciende en ellos el fuego de tu amor.
Envía tu Espíritu y serán creados,
y renovarás la faz de la tierra.

ORACIÓN AL ESPÍRITU SANTO
PARA RECIBIR INSPIRACIÓN

Antes de realizar algo importante es bueno estar unos segundos quieto y meditativo solicitando la inspiración del Espíritu Santo.

Dios de Amor, que has ilustrado los corazones de tus fieles con la luz del Espíritu Santo: haz que guiados por Él pensemos siempre rectamente y gocemos constantemente su consuelo.

Te rogamos, Señor, que prevengas nuestros actos con tu inspiración y con tu auxilio los lleves adelante, para que toda oración y obra nuestra, de Ti reciba principio y a Ti se dirija como a su fin. Por Jesucristo Nuestro Señor.

JACULATORIA A LA VIRGEN PARA SER PURO

Esta es una clásica y hermosa oración pidiendo a María nos ayude a conservar la pureza.

Bendita sea tu pureza
y eternamente lo sea,
pues todo un Dios se recrea
en tan graciosa belleza.
A ti, celestial Princesa,
Virgen sagrada María,
te ofrezco desde este día
alma, vida y corazón;
Mírame con compasión:
No me dejes, Madre mía.

ORACIÓN DE SAN BERNARDO
PARA REZAR CADA DÍA

Acordaros, ¡Oh piadosísima Virgen María!, que jamás se ha oído decir, que ninguno de los que han acudido a vuestra protección implorando vuestra asistencia y reclamando vuestro socorro, haya sido abandonado de Vos. Animado con esta confianza, a Vos también acudo, Oh Madre, Virgen de las Vírgenes, y aunque gimiendo bajo el peso de mis pecados, me atrevo a comparecer ante vuestra presencia soberana. No desechéis, Oh Madre de Dios, mis humildes súplicas, antes bien, inclinad a ellas vuestros oídos y dignaos atenderlas favorablemente. Amén.

ORACIÓN A LA SANTÍSIMA VIRGEN
(Sacada de las revelaciones de Santa Gertrudis)

Ave, blanca azucena de la resplandeciente y siempre tranquila Trinidad, ave, bellísima rosa de la celestial amenidad, de quien quiso nacer, y de cuya leche quiso apacentarse el Rey de los Cielos: dignaos cuidar nuestras almas con influencias celestiales. Amén.

PARA LA SALUD Y CONTRA LA ENFERMEDAD

Tú quisiste, Señor, que tu Hijo Unigénito soportara nuestras debilidades, para poner de manifiesto el valor de la enfermedad y la paciencia; escucha ahora las plegarias que te dirigimos por nuestros hermanos enfermos, y concede a cuantos se hallan sometidos bajo el peso del dolor, aflicción o enfermedad, la gracia de sentirse elegidos entre aquellos que tu Hijo ha llamado dichosos; enjuaga sus lágrimas y mitiga sus dolores por siempre jamás.

ORACIÓN POR LOS ENFERMOS

Es una oración para los enfermos, rezarla piadosamente muy a menudo; pensemos que muchas veces, para no decir siempre, las enfermedades aparecen como consecuencias nacidas de nuestros errores de comportamientos anteriores. Ves y no peques más, estás curado. Así dijo Jesús, antes de curar al leproso.

Alivia Señor, nuestros males presentes y futuros y envía a tu espíritu como bálsamo eficaz sobre nuestra enfermedad, nuestros dolores, padecimientos y aflicciones. Libra Señor Todopoderoso, mi cuerpo lacerante de la enfermedad que le oprime, y límpialo de toda impureza, para que por tu divina misericordia recobre la salud. Dame paciencia y perseverancia para poder soportar el dolor, y como tuyo es el poder y la gloria, te pido por esta intercesión que devuelvas la salud a mi cuerpo dotándolo de fortaleza y energía para poder resistir todo mal. Por intercesión de nuestro Señor Jesucristo, Amén.

Rezar tres Avemarías, encendiendo una vela dorada cada vez que se rece esta oración de súplica.

GRAN ORACIÓN POR LOS FAMILIARES ENFERMOS

Concéntrese en un lugar aislado. Piense únicamente en el enfermo por quien usted desea orar. Cierre los ojos, y que en su mente sólo aparezca la imagen del familiar enfermo. Borre de su memoria todos los malos pensamientos y junte sus manos en plegaria. No debe permitir en este acto que nada turbe su oración; hágala con fe y con la esperanza que su súplica será atendida por el Altísimo. Si se hace esta oración en la forma que le hemos indicado, durante seis días seguidos, tenga la completa seguridad que se establecerá una corriente de comunicación con la divinidad muy beneficiosa para el familiar enfermo.

Empiece así:

Padre nuestro que estás en todas partes, haz que mi pensamiento se transforme en vibración cósmica para que con tu ayuda divina se extienda sobre nuestro enfermo. Inunda con tu Luz Divina, la estancia, la alcoba, el lecho donde reposa. Acoge nuestra súplica, y haz que en este momento de nuestra oración, reciba el fluido de la llama violeta de mi pensamiento positivo y vivificador para dar fortaleza a su organismo y tranquilidad a su espíritu.

Que este rayo de armonía cósmica, penetre en estos instantes en su cerebro para que adquiera de esta forma, el conocimiento de Tu presencia en su ser.

Uniendo Señor, mi pensamiento al de los seres elevados de la tierra, te pedimos: salud, Señor, salud para este enfermo, y para todos los enfermos de la tierra, ahora y siempre. Amén.

ORACIÓN DIVINA PARA LA CURACIÓN

Pido amorosamente a la Gran Fuerza Invisible y poderosa del Espíritu de Dios, que limpie toda impureza u obstrucción que haya en mi cuerpo y mente; que me restaure en perfecta salud mi organismo.

Lo pido con toda la sinceridad de mi alma, para que su santa y divina voluntad descienda sobre mí.

Asimismo, pido a esta Gran Fuerza Invisible del Espíritu, que me ayude a restaurar mi salud, así como también la de aquellos presentes y ausentes que necesitan estar sanos. Pongo toda mi confianza en el Amor, Poder y Misericordia de Dios.

Meditad cómo y porqué creemos hemos perdido la salud. Si logramos darnos una respuesta, procuremos si está a nuestro alcance comprenderla, no volviendo a tropezar con la misma piedra.

ORACIÓN POR EL SER QUE ESTÁ EN AGONÍA

Padre misericordioso, tú que conoces hasta dónde llega la buena voluntad del hombre, tú que siempre estás dispuesto a olvidar nuestras culpas, tú que nunca niegas el perdón a los que acuden a ti, compadécete de tu hijo N..., que se debate en agonía.

Te pedimos que, ungido con el óleo santo y ayudado por la oración de nuestra fe, se vea aliviado en su cuerpo y en su alma, obtenga el perdón de sus pecados y equivocaciones, note la fortaleza de tu Amor y no se sienta defraudado.

Por Jesucristo, tu Hijo, que venció a la muerte, resucitó a Lázaro, y nos abrió las puertas de la vida y del amor, concédele la paz por siempre jamás.

Encended una hora antes de rezar una vela de color blanco y una varilla de incienso de aroma de sándalo.

RECOMENDACIÓN DEL ALMA

Alma cristiana, al salir de este mundo, marcha en el nombre de Dios Padre Todopoderoso, que te creó, que murió por ti, y en el nombre del Espíritu Santo, que sobre ti descendió.

Entra en el lugar de la paz y que tu morada esté junto al mismo Dios en Sión, la ciudad santa, con Santa María la Virgen, Madre de Dios, con San José y todos los ángeles y santos que le rinden tributo ahora y siempre.

EN EL MOMENTO DE EXPIRAR

Venid en su ayuda, santos de Dios; salid jubilosos a su encuentro ángeles del Señor. Recibid su alma y presentadla ante el Altísimo.

Cristo que te llamó, te reciba y sus ángeles te conduzcan al regazo de Abraham. Recibid su alma y presentadla al Altísimo.

Dale, Señor, el descanso eterno, y brille para ella la luz perpetua. Recibid su alma y presentadla al Altísimo.

ORACIÓN EN EL CEMENTERIO
EN EL ACTO DE ENTERRAR A UN DIFUNTO

En tus manos, Padre de bondad, encomendamos a nuestro hermano; nos sostiene la esperanza de que resucitará con Cristo en el último día, con todos los que han muerto en la fe.

Escucha nuestras oraciones, Dios de Misericordia, para que se abran a este hijo tuyo las puertas del Paraíso, y nosotros, los que aún permanecemos en este mundo, nos consolemos mútuamente con las palabras de tu esperanza. Por Cristo, Nuestro Señor, Amén.

ORACIÓN POR LA FAMILIA

Uno de los males actuales de nuestras generaciones es que los padres no inculcan a sus hijos la piedad y la oración, antes al contrario, sí les incitan desde muy pequeños a la competividad y a la carrera por obtener dinero.

Oh Dios, de quien proviene toda paternidad en el cielo y en la tierra, Padre que eres amor y vida, haz que toda la familia humana en la tierra llegue a ser, mediante tu hijo Jesucristo, y mediante el Espíritu Santo, fuente divina de caridad, un verdadero santuario de la vida y el amor para las futuras generaciones que se renuevan constantemente.

Haz que tu gracia guíe los pensamientos y las obras de los cónyuges para el bien de sus familias y de todas las familias del mundo.

Haz asimismo que las jóvenes generaciones encuentren en la familia un firme sostén, de prudencia, sabidu-

33

ría, concordia y amor fraternal, para que crezcan en la verdad y en el amor.

Haz finalmente, que al extender el fuego vivificador de tu espíritu, reine la paz en todas las familias de la tierra, especialmente en la nuestra y en la de nuestros familiares. Por los siglos de los siglos.

ORACIÓN A JESÚS CRUCIFICADO

No me mueve, mi Dios, para quererte
el cielo que me tienes prometido,
ni me mueve el infierno tan temido
para dejar por esto de ofenderte.
Tú me mueves Señor; muéveme al verte
clavado en una cruz y escarnecido;
muéveme tus afrentas y tu muerte.
Muéveme, en fin, tu amor, de tal manera,
que, aunque no hubiera cielo, yo te amara,
y aunque no hubiera infierno, te temiera;
no me tienes que dar porque te quiera;
porque aunque lo que espero no esperara,
lo mismo que te quiero te quisiera.

PLEGARIA DEL RECTO PENSAR
(San Agustín)

Señor, cuando mis labios callan
no guardan silencio mis pensamientos.

Por esto, si sólo pensara en cosas
de tu agrado, no te rogaría me libraras
de mis muchas palabras.

34

Pero son muchos mis pensamientos,
y tú los conoces
y sabes que son humanos.

Concédeme no consentir en ellos;
haz que pueda rechazarlos
cuando siento su caricia,
que nunca me detenga dormido
en sus halagos,
que no ejerzan sobre mí su poderío
ni pesen en mis acciones,
que mi conciencia esté al abrigo
de su influjo.

POR UN POQUITO DE AMOR

Señor, ¡qué duro es caminar sólo, sin que nadie te dé
un poquito de amor!

Aparta de mí el irresistible pensamiento de sentirme
sólo, de creer que nadie camina conmigo, hombro con
hombro, en el peregrinar de esta vida.

Aunque sea el amor como el agua que apenas se puede
contener entre las manos, siento que me refresca cuando
Tú me das esa gota, minúscula perla, de saber que estás
con nosotros.

Ayúdame a comprender el amor fraterno en mis hermanos, y hazme peregrino en medio de ellos, para que
nunca más me sienta sólo, y dame un poquito de amor que
ya es bastante.

BENEDICTUS DE FE

Bendito sea el Señor, Dios de Israel,
porque ha visitado y redimido a su pueblo,
suscitándonos una fuerza de salvación
en la casa de David, su siervo,
según lo había predicho desde antiguo
por boca de sus santos profetas.
Es la salvación que nos libra
de nuestros enemigos
y de la mano de todos los que nos odian;
realizando la misericordia
que tuvo con nuestros padres,
recordando su santa alianza
y el juramento que juró
a nuestro padre Abraham.

Para concedernos que, libres de temor,
arrancados de la mano de los enemigos,
le sirvamos con santidad y justicia,
en su presencia, todos nuestros días.

Por la entrañable misericordia
de nuestro Dios
nos visitará el sol que nace de lo alto,
para iluminar a los que viven en tinieblas
y en sombras de muerte,
para guiar nuestros pasos
por el camino de la paz.

Gloria al Padre, y al Hijo,
y al Espíritu Santo.
Por los siglos de los siglos.

EL SEÑOR ES MI PASTOR

Es un salmo, una oración, una afirmación de Fe, una gran Fe que va a permitir a aquel corazón que la recite muy a menudo, abandonarse en el corazón de Jesús, siendo protegido siempre y no faltándole lo necesario para vivir.

El Señor es mi pastor, nada me falta,
en verdes praderas me hace recostar;
me conduce hacia fuentes tranquilas
y repara mis fuerzas;
me guía por el sendero justo,
por el honor de su nombre.

Aunque camine por cañadas oscuras,
nada temo, porque tú vas conmigo:
tu vara y tu cayado me sosiegan.
Preparas una mesa ante mí
enfrente de mis enemigos;
me unges la cabeza con perfume,
y mi copa rebosa.

Tu bondad y tu misericordia
me acompañan
todos los días de mi vida,
y habitaré en la casa del Señor
por años sin término.

SALMO DE LA MISERICORDIA Y DEL PERDÓN

Misericordia, Dios mío, por tu bondad,
por tu inmensa compasión borra mi culpa;
lava del todo mi delito, limpia mi pecado.

Pues yo reconozco mi culpa,
tengo siempre presente mi pecado:
contra ti, contra ti sólo pequé
cometí la maldad que aborreces.

En la sentencia tendrás razón,
en el juicio resultarás inocente;
Mira, en la culpa nací,
pecador me concibió mi madre.

Te gusta un corazón sincero,
y en mi interior me inculcas sabiduría.
Rocíame con el hisopo: quedaré limpio;
lávame: quedaré más blanco que la nieve.

Hazme oír el gozo y la alegría
que se alegren los huesos quebrantados.
Aparta de mi pecado tu vista,
borra en mí toda culpa.

Oh Dios, crea en mí un corazón puro,
renuévame por dentro con espíritu firme;
no me arrojes lejos tu rostro
no me quites tu santo espíritu.

Devuélveme la alegría de tu salvación,
afiánzame con espíritu generoso:
enseñaré a los malvados tus caminos,
los pecadores volverán a ti.

Líbrame de la sangre, Oh Dios,
Dios, Salvador mío, y cantará mi lengua
tu justicia. Señor, me abrirás los labios,
y mi boca proclamará tu alabanza.

Los sacrificios no te satisfacen:
si te ofreciera un holocausto, no lo querrías.
Mi sacrificio es un espíritu quebrantado;
un corazón quebrantado
y humillado, tú no lo desprecias.

Señor, por tu bondad, favorece a Sión,
reconstruye las murallas de Jerusalem;
entonces aceptarás los sacrificios rituales,
ofrendas y holocaustos,
sobre tu altar se inmolarán novillos.

EL SEÑOR TENGA PIEDAD

El Señor tenga piedad y nos bendiga,
ilumine su rostro sobre nosotros;
conozca la tierra tus caminos,
todos los pueblos tu salvación.

Que canten de alegría las naciones,
porque riges el mundo con justicia,
riges los pueblos con rectitud
y gobiernas las naciones de la tierra.

La tierra ha dado su fruto,
nos bendice el Señor, nuestro Dios.
Que Dios nos bendiga; que le teman
hasta los confines del orbe.

EN PAZ

Poema de mucho contenido esotérico, en especial sobre la Ley del Karma, o sea de la Causa y el Efecto

Muy cerca de mi ocaso, yo te bendigo, Vida,
porque nunca me diste mi esperanza fallida
ni trabajos injustos, ni pena inmerecida;
porque veo al final de mi rudo camino
que yo fui el arquitecto de mi propio destino;
que si extraje las mieles o la hiel de las cosas,
fue porque en ellas puse hiel o mieles sabrosas;
cuando planté rosales, coseché siempre rosas.

Cierto, a mis lozanías va a seguir el invierno;
¡mas tú no me dijiste que mayo fuera eterno!
Hallé sin duda largas las noches de mis penas;
mas no me prometiste tú sólo noches buenas;
y en cambio tuve algunas santamente serenas...
Amé, fui amado, el sol acarició mi faz
¡Vida, nada me debes! ¡Vida estamos en paz!

RECETA PARA LA SANTIDAD

*Es un cóctel de pequeñas "grandes" cosas que se
deben practicar para alcanzar la santidad diaria.*

Toma una taza de humana bondad
Mézclala bien con caridad
Añade una medida llena de paciencia
Aromatizada con humildad.
No olvides el sentido del humor.
El preciso para que sea ligero
Rocíalo bien con abnegación
Agítalo entonces con toda tu fuerza.
Adórnalo con incesante plegaria
Persevera sin quejas
estos son los ingredientes necesarios
para la formación de un santo.

Santa Julia.

41

LA GRAN INVOCACIÓN CÓSMICA

Desde el punto de Luz en la mente de Dios, que afluya luz divina en las mentes de los hombres; que ésta luz divina inunde la tierra.

Desde el punto de Amor en el Corazón de Dios, que afluya el amor a los corazones de los hombres. Que Cristo retorne a la tierra.

Desde el centro donde la voluntad de Dios es conocida, que el propósito guíe las pequeñas voluntades de los hombres: El propósito que los Maestros conocen y sirven.

Desde el centro que llamamos la raza de los hombres que se realice el plan de Amor y Luz y selle la puerta donde se halla el mal. Que Cristo reine supremo en el corazón de los hombres. Que el plan divino sea establecido en toda la tierra.

Que haya Paz en la tierra, y que ésta comience en la mente y en el corazón de cada ser.

EL CREDO OPTIMISTA

Creo en el valor supremo del individuo, en su derecho a la vida, a la libertad y a la búsqueda de la felicidad.

Creo que todo derecho implica una responsabilidad; toda oportunidad, una obligación; toda posesión un deber.

Creo que las leyes se hicieron para los hombres y no éstos para aquéllas; que el gobierno debe ser el servidor del pueblo, y no su amo.

Creo en la dignidad del trabajo, sea manual o intelectual; que la sociedad no le debe el sustento a ningún hombre, pero sí la oportunidad de ganarse la vida.

Creo que el ahorro es indispensable a la vida bien ordenada y que la economía es la base fundamental de toda estructura monetaria sana, ya sea ésta gubernamental, comercial o privada.

Creo que la verdad y la justicia son fundamentales en cualquier sistema social perdurable.

Creo en la santidad de las promesas; en la palabra empeñada que vale más que cualquier fianza; y que el carácter (y no la posesión económica, de autoridad o social) constituye el valor supremo.

Creo que el prestar servicios útiles es el deber común de la humanidad, y que sólo en el fuego purificador del sacrificio se consume la escoria del egoísmo y se liberta la grandeza del alma humana.

Creo en un Dios omnisapiente y bondadoso; sea cual fuere el nombre por el que se le conozca; y que las realizaciones más altas del individuo, su mayor felicidad y su más amplia utilidad se encuentran en vivir en armonía con su Divina Voluntad.

Creo que el Amor es lo más grande que existe en el mundo; que sólo él puede dominar el odio; que el derecho puede triunfar, y triunfará sobre todas las fuerzas.

Creo finalmente, que elevando nuestras plegarias al Altísimo, el amor y la paz se extenderán sobre la tierra.

ORACIÓN
AL TERMINAR EL DÍA

Antes que la luz termine
Oh Creador de las cosas
te suplicamos que, con tu clemencia
seas nuestro protector
y nuestro custodio.

Ampáranos, clemente,
protégenos de noche
lo mismo que de día
para que no nos venza
el espíritu del mal.

Te lo pedimos por Cristo
Nuestro Señor. Por los siglos
de los siglos. Amén.

ORACIÓN PARA ALEJAR EL MAL
QUE PUDIERA HABER EN LA CASA

Visita Señor, esta casa,
cada rincón de ella,
con sus aposentos,
aleja por tu misericordia,
de ella las insidias del mal,
los rencores y malhumores.
Que tus santos ángeles
habiten en ella y nos guarden en paz,
y que tu bendición permanezca
siempre con nosotros.

HIMNO DE LAS VIRTUDES HUMANAS
(Al Espíritu Santo)

Un himno completísimo dirigido al Espíritu Santo, en súplica intercesora a nuestros problemas cotidianos.

No olvidar cuando se recite esta oración el encender una vela de color plateado y una varilla de incienso de aroma de sándalo.

Espíritu de santidad, luz beatísima, vida de los corazones: enviadnos el don de la sabiduría, que nos haga conceder las verdades de la vida.

Fuente viva, fuego de caridad, que el fuego de tu divinidad nos ilumine y haga crecer en nosotros el entendimiento para separar el bien del mal.

Espíritu Creador, manifestación de todas las cosas, envíanos el don del consejo que ilumine nuestro entendimiento y conforte nuestra voluntad en las buenas obras.

Espíritu Supremo de Dios, fuerza inmortal, remedio de toda flaqueza: enviadnos el don de la fortaleza, para que podamos resistir las tentaciones, las enfermedades y las aflicciones.

Espíritu Creador, ley de toda verdad, suprema inteligencia, dadnos el don de la ciencia para que sepamos discernir lo verdadero de lo falso; la verdad de la mentira.

Infunde en nosotros, el don de la piedad, para que humildes siervos tuyos, alcemos nuestras plegarias y súplicas para el bien de nuestra alma y la de nuestra familia y amigos. Amén.

ORACIÓN PARA LA FAMILIA

Bendito seas buen Dios,
porque sembraste el amor en nuestra casa.
Tú que alientas nuestras penas y alegrías y
nos partes el pan de cada día,
conserva este lecho y cuanto alberga.
Deséanos querernos mucho para poderte
amar a Ti más cada día.

Todos somos hijos tuyos y los hombres
nuestros hermanos son,
porque esta familia nuestra tan pequeña
se extiende hacia los cielos
y rodea, las naciones.
Haz que viva en él tu Santo Espíritu,
para que ahora y siempre, nos guarde en Paz.

ORACIÓN PARA LA PROSPERIDAD

*Es un gran Salmo en solicitud de prosperidad material y
familiar, que sirve al mismo tiempo de fortaleza y sosiego.*

Encended una vela de color blanco.

Ven Espíritu divino,
manda tu luz desde el cielo,
Padre amoroso del pobre,
Don, en tus dones espléndido;
luz que penetra las almas,
fuente del mayor consuelo.

Ven, dulce huésped del alma,
descanso de nuestro esfuerzo,

tregua en el duro trabajo,
brisa en las horas de fuego.

Gozo que enjuga las lágrimas
y reconforta en los duelos.
Entra hasta el fondo del alma,
divina luz, y enriquécenos,
enviándonos tu aliento.

Riega la tierra en sequía,
sana el corazón enfermo,
lava las manchas,
infunde calor de vida en el hielo,
doma el espíritu indómito
guía al que tuerce el sendero.

Reparte tus siete dones
según la fe de tus siervos
por tu bondad y tu gracia;
dale al esfuerzo mérito
salva al que busca salvarse
y danos tu gozo eterno. Amén.

ORACIÓN ANTE LA TRIBULACIÓN

En nombre de Dios Todopoderoso, espíritus buenos que me protegéis, Angeles Custodios, iluminadme e inspiradme con el don de la sabiduría de Dios, para que en esta tribulación que me aflige, sepa tomar la decisión más acertada, el camino más correcto, a entera voluntad del Omnipotente y así resulte beneficiosa para mis deseos. Dirigid Señor mi pensamiento hacia el bien, hacia la rectitud, y desviad de mi mente la influencia de todos aquellos que intenten separarme de la auténtica verdad.

Iluminadme para que actúe a conciencia en esta suprema decisión sin perjudicar a los demás. Dadme la fortaleza necesaria para enfrentarme a mi problema y ayudadme a su feliz resolución. Te lo pido humildemente postrado ante tu presencia.

ORACIÓN DE GRATITUD

A vos, Todopoderoso Creador, y en particular a mi Angel Custodio os doy inmensamente gracias por el socorro que me habéis enviado cuando el peligro me amenazaba. Que el peligro al que he estado expuesto sea para mí un aviso y me haga reflexionar por la falta de prudencia que he tenido en esta ocasión.

Os agradezco infinitamente vuestra protección y humildemente os pido con sinceridad de corazón, no permitáis que nunca más cometa el mismo error. Líbrame ahora y siempre de todo mal. Amén.

ORACIÓN PARA UN AGONIZANTE

Dios Todopoderoso y misericordioso, aquí tenéis un alma que agonizante deja esta tierra por la que ha peregrinado, para volver al lugar prometido. Te suplicamos que Tú, que eres Infinita Bondad, extiendas tu mano para protegerla y que no la abandones en este trance.

Envía a tus Ángeles de la Guarda para asistirle y poderle ayudar a despojarse de la materia, dándole la luz a fin de sacarle de la turbación que acompaña al tránsito de la vida corporal a la vida espiritual. Asistidle y ayudadle a que se reconcilie contigo, y acéptalo en tu divina presencia. Te pedimos que lo recibas en tu gloria y que seas benévolo con él a la hora del Juicio Final.

INVOCACIÓN A LA DIVINIDAD PARA OBTENER RECTITUD, AMOR Y FRATERNIDAD

Te pedimos humildemente Señor Todopoderoso, que infundas en nuestras conciencias el sentido de la responsabilidad, de la rectitud, del bien, de la amistad, del amor y de la fraternidad con todos los hombres de la tierra.

Ilumina nuestros corazones con tu espíritu, para que allí donde exista el dolor sembremos la alegría, que allí donde exista la injusticia sembremos la comprensión, que allí donde haya odio sembremos el amor.

Bendice Padre Todopoderoso, cada momento de nuestra existencia. Bendice también a nuestra familia y a todos los que están con nosotros, e ilumina los caminos de nuestras vidas, para que en este largo peregrinar, alcancemos un día tu gloria, y participemos junto a tus santos y ángeles de tu presencia divina.

ORACIÓN PARA TODOS LOS DÍAS

Dios de infinita bondad y misericordia: Os suplicamos, que asistidos de nuestros Ángeles Custodios y alejados de los malos espíritus y de las influencias del enemigo, nos concedáis conformidad en nuestras pruebas, alivio en nuestros males, resignación en las calamidapaciencia en los sufrimientos, olvido de las ofensas, alejamiento de las malas tentaciones, compasión para nues-

San Ignacio de Loyola.

tros enemigos, consuelo en las aflicciones, prudencia en nuestros actos y decisiones, fortaleza ante las enfermedades, luz y claridad en nuestros pensamientos, y sabiduría en nuestras decisiones.

Os pedimos alivio y progreso espiritual para nuestros padres, hermanos, parientes y amigos; salud para los enfermos, compasión para los que son perseguidos, misericordia para las almas que sufren olvidadas de los hombres, indulgencia para los que gimen en las cárceles.

Y tu luz divina para que ilumine nuestras tareas de cada día. Suerte, fortuna y paz, satisfacción a nuestras necesidades, y perdón por nuestras faltas. Atiende, Señor, nuestras súplicas, ahora y siempre.

PLEGARIA NOCTURNA DE PROTECCIÓN

Señor misericordioso, acompáñanos a través de esta noche, y permite que la luz de tu amor ilumine las horas tenebrosas del sueño en que nos vamos a sumergir.

Extiende el manto de tu protección durante nuestro descanso nocturno, y dadnos fortaleza de espíritu, para poder recuperar las energías gastadas a lo largo del día.

Expulsa del alma los temores, aleja los malos presagios, y a los espíritus del mal, y acúnanos con tu bondad para que podamos descansar en la placidez de la noche.

Escucha Señor nuestra plegaria y ayúdanos en nuestro descanso, para que ahora y siempre podamos alabarte, bendecirte y adorarte.

JACULATORIA DE PROTECCIÓN Y FE

La Luz de Dios me circunda;
El Amor de Dios me envuelve;
El Poder de Dios me protege;
La Presencia de Dios vela por mí;
Dondequiera que esté, Dios está conmigo.

ORACIÓN PARA CUANDO
ESTAMOS ENFERMOS

Cuando en una oración se invoca a los mensajeros de luz significa que se está pidiendo la claridad mental necesaria para comprender los errores cometidos que nos han privado de la salud.

La vela que se deberá encender será de color blanco y estará encendida el tiempo que estemos meditando, unos diez minutos.

¡Señor mío, Dios Todopoderoso!: Postrado en mi lecho por esta enfermedad que has enviado a mi cuerpo, te pido humildemente, que envíes a la cabecera de mi cama a tus mensajeros de luz para que suturen con la fuerza de tu poderoso espíritu mi organismo enfermo.

Padre mío que estás en todas partes, dame fuerzas para superar mis dolencias, y purifícame a través de ellas, para que vea la luz de tu presencia divina y pueda sobreponerme a las imperfecciones de mi materia. Como tuyo es el poder y la gloria, te pido des claridad a mi mente y salud a mi cuerpo, para que sea por medio de la caridad y el amor a mi prójimo, como pague poco a poco mis deudas contraídas, y acabe con las impurezas que invaden mi organismo.

ORACIÓN PARA UN ENFERMO
DE LOS NERVIOS

Cuando los "nervios se desatan" viene ello producido por muchas causas diferentes, aunque en general es la ansiedad el detonante principal de su aparición. Hay alimentos y hábitos que deberán desecharse de inmediato ante el más leve indicio de situación nerviosa: el café, té, chocolate y tabaco. Es conveniente la relajación, la música suave, hablar poco y ordenar un poco la vida para que este trance tan en boga en estos tiempos se nos pase pronto.

¡Oh Dios, Señor mío! Tú que eres dueño absoluto de este cuerpo, enfermo en este trance de sus nervios, alumbra su mente y su cerebro para que recobre la claridad de pensamiento que ha perdido.

Haz Señor, que una corriente nueva de infinita pureza fluya por el poder de tu espíritu a su cerebro y que la fuerza de este poder se distribuya por la red nerviosa de su organismo curándole.

Envía tu paz y tu armonía a ese ser, hijo tuyo, y devuelve la armonía que ha perdido, para que por tu infinita misericordia recobre la calma, la paz y la tranquilidad, ahora y siempre, pues tuyo será Señor, el triunfo y la gloria por los siglos de los siglos. Amén.

Será muy beneficioso encender una vela de color verde quince minutos antes de rezar esta oración, en la que permaneceremos sentados o estirados media hora en total.

Quemad perfume de aroma de rosa en la lamparilla.

ORACIÓN PARA CUANDO
ESTAMOS PREOCUPADOS

Señor Jesús, estoy intensamente preocupado por los problemas que me afligen en este duro momento de mi vida, ilumina mi mente para que vea con claridad y con la luz diáfana de tu espíritu, la decisión que habré de tomar en los próximos días y de la cual van a depender tantas personas.

Como divino consolador de mis dificultades (menciónese el motivo) te pido la tranquilidad inefable y la placidez que me de calma ante esta situación, para que alumbres el camino que habré de seguir para poder resolver esta mala situación.

Sé que tu mano guiará invisiblemente mis pasos y que tú extenderás tu luz divina sobre mí para que pueda resolver con éxito mis problemas. Calma Señor, Dios mío, con tu magnetismo sublime, mi mente y espíritu, saturándolo de nuevas energías que me den fuerza para enfrentarme con la dificultad que me aflige.

Gracias Dios mío porque estoy sintiendo ya la calma en mi interior y, una fuerza suprema me ayuda en este trance por el que estoy pasando. Que tu amor infinito descienda sobre mí y me ayude a superar esta difícil prueba que me has enviado. Te lo suplico Señor, humildemente, en nombre de Jesucristo tu hijo.

Proporcionará un canal de apertura, como si de un puente se tratara, entre el Cielo y la Tierra. Se enciende en esta ocasión una vela de color verde pálido unos quince minutos e irá muy bien poner perfume-aceite de rosa en la lamparilla difusora de perfumes.

ORACIÓN PARA LOGRAR EL ÉXITO

Es una oración de muchas solicitudes, pero que entraña humildad, condición siempre necesaria al rezar.

En el fondo estamos pidiendo una super conciencia de nosotros mismos, una evolución general intensa y constructiva que nos haga más perfectos.

Dadnos Señor Nuestro, la habilidad necesaria para conseguir con nuestro esfuerzo diario el sustento para nuestro hogar, la honradez en nuestras acciones laborales, la rectitud en el trato con nuestros subordinados, la humildad en reconocer nuestros errores, la sinceridad en la relación con los demás, y sobre todo, Señor, infunde en nuestros espíritus la claridad en nuestras mentes y la intuición, para que sepamos en todo momento acertar en nuestras decisiones y acciones.

No permitas Señor mío, que caigamos en la tentación de la pereza, ociosidad e indolencia, acrecienta nuestras voluntades para que con nuestro esfuerzo consigamos nuestros objetivos de trabajo, labor, estudio y seamos capaces de realizar nuestras tareas con dignidad y honestidad.

Ayúdanos Señor, para que en nuestra tarea diaria obtengamos los frutos necesarios y podamos llevar el alimento y cubrir las necesidades de nuestro hogar.

Te lo pedimos por Nuestro Señor Jesucristo, tu hijo unigénito, que murió en cruz por nuestros pecados, errores y equivocaciones.

Se encenderá una vela de color verde y meditaremos en esta oración que acabamos de leer.

ORACIÓN PARA LOGRAR ARMONÍA FAMILIAR

Si esta oración la rezasen conjuntamente todos los miembros de la familia, ésta se vería así muy favorecida.

Te pido Señor mío, que con tu divina bondad protejas a mi familia, para que la armonía, la unidad, la comprensión entre sus miembros brote siempre de sus corazones, líbranos Señor, de toda discusión inútil y sepamos ver con claridad cualquier dificultad que surja. Alienta con tu espíritu el amor de nuestra familia haciendo florecer entre nosotros la esperanza, la felicidad, el entendimiento, el gozo y la paz.

Sobre todo dótala de serenidad, alegría, sencillez y naturalidad. Que sepamos, Señor, encontrar el lado alegre de las cosas, encajar las bromas, alegrarnos con los mil detalles pequeños que hacen más hermosa nuestra existencia. No permitas que nos dejemos arrebatar por el genio, por el apasionamiento y el enfado. Que la concordia y la fraternidad reine siempre entre nosotros.

Haced Dios mío que esta plegaria que te dirigimos, que estos pensamientos sinceros, transformen por tu sublime poder esa armonía entre todos los miembros de mi familia que te alaba y bendice ahora y siempre.

ORACIÓN PARA UN ENFERMO DE CÁNCER

La vacuna contra el cáncer está ya muy cercana. Algunos enfermos de cáncer (dependerá del grado) saben convivir y conviven con su enfermedad, todo ello con un regimen especial de alimentación y de cierta calidad en el vivir cotidiano que implica mucha sabiduría y tesón.

¡Señor, Señor! Oye mi súplica, por ese atroz tormento que ha invadido el cuerpo de *(aquí citar a la persona por la cual se solicita en esta oración)*. El cáncer está destruyendo sus células corporales. Tú sabes bien Señor, que un tumor maligno está acabando con la vida de este enfermo; compadécete Señor, de su sufrimiento y del dolor permanente que lo aflige, así como de sus padecimientos corporales.

Envía Padre Nuestro a tus ángeles, para que con el bálsamo eficaz de tu espíritu, alivien este sufrimiento contínuo que padece nuestro hermano. Dadle resignación y conformidad en este calvario que está pasando, fortaleza para poder mitigar sus intensos dolores, resignación ante lo inevitable, serenidad ante el desenlace final.

Infunde en su espíritu, la esperanza de la resurrección, la fe en tu bondad divina. Mitiga Señor, sus males, y consuela su conciencia dándole la luz necesaria para que sepa comprender su enfermedad y nunca caiga en la desesperación.

Ayúdale Señor en esta hora suprema para que sepa que el mal que corroe su carne también es bendecida por tu inmensa bondad, porque Tú has dicho: "felices aquellos que sufren con resignación las enfermedades, pues alcanzarán el Reino de los Cielos". Tú que eres Dios, por los siglos de los siglos. Amén.

ORACIÓN PARA UN FAMILIAR FALLECIDO

Es muy difícil consolar al que acaba de perder a un familiar allegado: padre, madre, esposo, esposa, hijo o hija. Todas las palabras de consuelo que le digamos son pocas para aquella persona desconsolada y llena de pena y tristeza. Su alma está atónita y no logra comprender nada. El único consuelo está en la oración dirigida hacia Dios. La Ley del Tiempo, mitigará algo esta dolorosa pérdida. Por lo tanto lo mejor es orar, con la mirada puesta en la benevolencia divina. Procuremos alcanzar unos mínimos de serenidad y encendamos una vela de color morado mientras oremos.

Señor, con el alma llena de dolor, de pesadumbre por el fallecimiento de nuestro hermano (N.N.) te pedimos humildemente que tu misericordia se extienda sobre su alma que acabáis de llamar a vuestro seno y la recibáis con vuestra infinita bondad.

Que vuestros ángeles Señor, le ayuden a despojarse de la materia corporal, para que su espíritu, libre ya de los lazos terrenales, alcancen la luz del universo inmenso de vuestra gloria, y encuentre su lugar correspondiente en esta nueva dimensión que habitará en la eternidad prometida.

Señor, Padre Santo, Dios Todopoderoso y Eterno, humildemente te suplicamos que te dignes recibir en la mansión feliz de la luz a nuestro hermano, que has hecho salir de este mundo para ir a tu encuentro.

Haz Señor, que traspasado el umbral de la muerte, viva con tus santos en el reino de la luz y el esplendor que en otro tiempo prometiste a Abraham y a su descendencia.

No permitas que su alma sufra daño alguno. Perdónale todos sus errores y pecados para que alcance contigo la vida inmortal y el reino eterno. Por Jesucristo nuestro Señor.

BERNARDUS : ABBAS : CLARAVALLIS

CARITAS

PRODENTIA

HUMILICAS

San Bernardo.

59

ORACIÓN POR UN HIJO FALLECIDO

(Leer la entradita de la oración precedente)

Afligidos y apesadumbrados Señor, por la muerte de nuestro hijo, nos postramos humildemente ante vuestra presencia, para pedir clemencia para nuestro queridísimo hijo muerto en un mortal accidente de carretera.

Tú sabes Señor nuestro, que sólo tenía veinte años, que era la alegría de la familia.

Tú sabes, que todas las esperanzas estaban puestas en él, y de repente hemos visto truncada su vida, y aunque ésta ha sido Tu santa voluntad, el vacío que nos ha dejado no lo podrá llenar nadie más.

Compadécete Señor, de nuestra tristeza, de nuestro llanto, de nuestro pesar, porque apenados elevamos esta plegaria por su joven alma.

Escucha en tu bondad, Señor, nuestras súplicas, ahora que humildemente te imploramos misericordia para nuestro hijo, a quien has llamado de este mundo.

Dígnate llevarlo al lugar de la luz y de la paz, para que tenga parte en la asamblea de Tus Santos y de Tus Angeles.

Concédele Señor, el descanso eterno, y que brille para él (ella) la luz eterna.

Descanse en paz nuestro querido hijo y, que desde el lugar que le has destinado, extienda su luz sobre sus afligidos y apenados padres. Amén.

OREMUS DESPUÉS DE EXPIRAR

(A continuación los familiares rezar esta plegaria)

Que al Paraíso te conduzcan los ángeles;
a tu llegada te acojan los mártires
y te hagan entrar en la ciudad santa de Jerusalem.
Que el coro de Angeles acoja a nuestro hijo,
y alcance junto a Lázaro, el descanso eterno.

ORACIÓN POR LOS PRESOS

Una de las obras de caridad y misericordia más notables es la de visitar a los enfermos y a los presos. Hoy día parece no "estar de moda", pero por lo menos, sí podemos orar por ellos. Si tenemos algún familiar preso encendamos una vela de color azul fuerte quince o veinte minutos diariamente y después rezar esta oración.

Te pedimos Señor, por nuestros amigos y conocidos presos por diversos motivos y, te pedimos que en este aislamiento los consueles en su dura aflicción. Manda tu espíritu protector a sus celdas, que la luz del entendimiento les de claridad en sus malas acciones, y por tu inmensa bondad apiádate de ellos en este trance de pérdida de la libertad.

Incita sus corazones, Señor, al arrepentimiento y enciende su alma con tu perdón divino para que la luz de tu espíritu los envuelva con tu benevolencia.

Sé Señor, que con la fuerza de tu Amor, llevarás el consuelo a nuestros amigos presos y calmarás sus ansias de libertad. Concédeles Dios mío la gracia de tu perdón reconfortándolos en la situación en que se hallan. Te pedimos que te apiades de ellos y los recuperes en todos los sentidos.

ORACIÓN POR LOS
QUE NO SE VALEN POR SÍ MISMOS

Postrados ante tu divina presencia, Señor mío, te suplicamos por nuestros hermanos que están impedidos y necesitan la ayuda de amigos y familiares, por todos aquellos que tienen limitaciones físicas o con las facultades corporales mermadas.

Derrama Señor, tus bendiciones sobre aquellos que no pueden valerse por sí mismos, bien sea por defectos corporales o mentales. Dádles fortaleza y resignación, ayuda y consuelo, para que sepan enfrentarse con su disminución.

Enciende Señor, los ojos del ciego con la luz sublime de la claridad de su alma para que él pueda ver en el horizonte de su oscuridad el inmenso mundo interior donde brota el multicolor arco iris de tu misericordia.

Destapa los oídos del sordo para que pueda escuchar el clamor musical de la melodía de tus Ángeles, y mueve los labios del mudo para que sus inarticuladas palabras sean de plegaria para ti Señor. Desciende en forma de energía divina sobre cada hermano nuestro, con sus disminuciones.

Dales Señor fuerza ante la adversidad, paciencia y resignación para soportar su infortunio, y sobre todo ilumina a todos los seres que sufren ante su dificultad, elevando la moral de sus conciencias y dándoles el vigor necesario para comprender que por tu voluntad sufren.

Infunde en sus corazones la fe y la esperanza y concédeles el privilegio de tu inmensa bondad. Amén.

ORACIÓN DE GRACIAS POR LAS PRUEBAS DE LA VIDA

Te doy humildemente gracias Señor, por los inmensos beneficios que me has dado; por mi esposa amada, por mis hijos y por mis hermanos, tú Señor, los has hecho maravillosos, y ellos han llenado mi vida de alegrías, complacencias y satisfacciones.

Te pido Dios mío, que continúes enviando tus vibraciones y nos brindes tu bondad, llenando mi entorno de felicidad; y por la buena suerte que me has proporcionado, mi espíritu te alaba y te da gracias por siempre jamás. Gracias te doy Señor, por tu bondad y desde lo más íntimo de mi corazón te alabo y te bendigo. Gracias Señor.

ORACIÓN PARA LA BUENA COSECHA

Oración constante para obtener buenas cosechas y que es conveniente rezarla por lo menos una vez al mes. Si se desea puede hacerse elevando una plegaria especial a San Isidro, patrón de los labradores, o a San Antonio, patrón de los animales (de labranza, en especial).

Volverá, Señor, la lluvia temprana
a descender sobre la hierba seca
para devolvernos el verde de la primavera.
Volverá, mi Dios,
a salir el sol radiante
para dorar nuestras mieses.

Volverá, Señor, a florecer el almendro
después del duro invierno
y tú nos dirás susurrando:
"Os dejo la primavera".

Como todo regresa y vuelve
tú, Señor, te acercas a mi vida
regresas con más fuerza que el calor del verano,
con más ardor que la luz de la primavera
con más ahínco que la brisa de otoño,
con más certeza que la lluvia y el frío de invierno.

Y vendrás, Señor, a llenar el paisaje de mi vida,
a mi vida tejida de momentos grises
a mi monotonía
a mis ratos de amargura y soledad,
pero llenarás mis campos de flores y arbustos,
de hojas secas y marchitadas,
pero una eterna primavera
florecerá a mi alrededor,
y los frutos y las mieses poblarán los campos.
Gracias, Señor, por esta cosecha, por sus frutos.
Yo te bendeciré siempre, siempre. Amén.

ORACIÓN DE GRACIAS
POR HABER SALIDO DE UN PELIGRO

Postrados ante vuestra divina presencia, a vos Dios y
Señor mío, mi Angel de la Guarda, os doy infinitas gracias por el socorro que me habéis enviado en esta difícil
situación de peligro que me amenazaba.

Que este riesgo que he sufrido, sea para mí un aviso
que me haga reflexionar por las imprudencias cometidas.

Sé Señor, que mi vida está siempre en vuestras manos, pero os suplico que iluminéis mi espíritu para no volver a cometer ninguna torpeza.

Guiadme e iluminad mi camino para que con vuestra fortaleza sepa en cada momento vencer los obstáculos.

ORACIÓN POR LOS RECIÉN FALLECIDOS

Encended una vela color dorado y otra color púrpura mientras se rece esta oración. Aroma de rosa en la lamparilla defumadora de perfumes.

¡Señor Todopoderoso! Os pedimos que vuestra misericordia se extienda sobre nuestros hermanos y seres queridos fallecidos. ¡Que vuestra inmensa luz resplandezca en sus ojos y los guíe por los espacios del Cosmos hasta vuestra presencia.

Te imploramos Señor, tu bondad para con ellos y perdonadles las faltas cometidas y los errores en que cayeron. Inúndales con tu luz perpetua, y por vuestro amor inmenso concédeles un lugar propicio junto a Vos.

Que vuestros santos y ángeles les acojan benignamente, pudiendo así vivir eternamente en la Gloria de los Cielos. Amén.

ORACIÓN POR LOS QUE SUFREN DOLORES Y ENFERMEDADES

Os suplicamos Señor humildemente, que derraméis vuestro espíritu por todos nuestros hermanos que en estos momentos sufren por las adversidades de la vida, para que un rayo de luz suavice sus dolores y aniquile la enfermedad de la faz de la Tierra.

Tened compasión de sus debilidades, sus angustias y temores, de sus errores y faltas, de sus impurezas y defectos.

Que vuestra misericordia se extienda sobre todos los que no han podido resistir las tentaciones y están aún arrastrándose por sendas equivocadas.

Que vuestros ángeles y espíritus buenos les rodeen e intercedan para que vuestra luz resplandezca a sus ojos, y que así atraídos por la virtud de la fe y de la esperanza, se dirijan hacia el bien.

Dios, Padre y Madre nuestros, Tú que todo lo puedes, alivia con tu dulce mirada a aquellos seres humanos que padecen dolores y enfermedades, y que una gota de rocío de Tu Amor pueda curarles.

No abandones, Señor, a estas pobres criaturas en su sufrimiento; que no puedan decir jamás que vuestra justicia es injusta.

Que sus ojos vean, que su mente comprenda, que sus piernas anden y que sus manos se unan para agradecer tus bondades. Que sus llagas queden cicatrizadas con el bálsamo de Tu Paz.

Y para aquellos que sufren dolores intensos, os suplicamos Señor Omnipotente, que permitáis que desaparezcan, que se alejen como si fuera un mal sueño o pesadilla producto de mentes negativas.

Vos que sufrísteis tanto en la Cruz, como hombre físicamente y como Dios al ver la incomprensión humana, haced que seamos agradecidos al sentir tus dones en nosotros, y así cantemos loas de alabanza y gratitud ya ahora en la tierra y después en el lugar que nos tengas destinado.

El mejor color para la vela a encender es el verde, el de la mejor esperanza.

ORACIÓN PARA PEDIR UN CONSEJO

En nombre de Dios Todopoderoso, os rogamos que la luz del Espíritu Santo, me ilumine y me inspire ante la incertidumbre de la resolución que deberé tomar en los próximos días.

Ayúdame a dar este paso correctamente sin que mi decisión perjudique a nadie.

Y fortificad mi espíritu iluminando mi pensamiento ante esta suprema decisión que habré de tomar, para el bien de los que dependen de mí. Amén.

Meditad pausadamente, sin precipitación, todos los pros y contras del tema motivo por el cual debéis resolver el problema que os ocupa, sin olvidar la prudencia y la humildad, aunque teniendo en cuenta la fortaleza.

No olvidéis dar gracias Arriba en el momento oportuno.

Encended si es posible una vela amarilla todo el tiempo de la meditación, así como varillas de incienso con aroma de sándalo.

ORACIÓN PARA UN NIÑO RECIÉN NACIDO
(Para que lo digan los padres)

Agradecidos estamos Dios Omnipotente, por este parto feliz que ha dado a luz a nuestro hijo/a. Iluminad nuestra mente para educarle correctamente en el camino de vuestra Ley.

Gracias inmensas te damos Señor, porque te has dignado aumentar nuestra familia con este hijo que ahora acaba de nacer; te pedimos por vuestro poder infinito, que bajo el amparo de su Ángel de la Guarda, progrese su inteligencia, su conocimiento y su prudencia; dótale Señor Dios nuestro de una salud fuerte, y sobre todo que tu espíritu sea la luz brillante que le ilumine a través de los escollos de la vida que ahora empieza para él.

Señor, bendice paternalmente a esta familia a la que le habéis confiado esta alma, para que pueda comprender la importancia de su misión y hacer germinar en este niño/a las virtudes de tu fe, esperanza y caridad. Dignáos escuchar, oh Dios mío, esta humilde plegaria, para que con ella se sienta ahora y siempre protejido nuestro hijo. Por nuestro Señor Jesucristo. Amén.

Cuanto más se rece esta oración, más conscientes serán los padres por la bendición recibida, progresando así de esta forma en la educación y formación del hijo/a nacido.

ORACIÓN POR LOS NIÑOS

Señor, Padre Amoroso de todos los niños, te pedimos humildemente tu protección para estas almas infantiles que pueblan nuestra tierra, nuestras ciudades, aldeas, y villas; cuida Buen Pastor, de este rebaño, para que nunca caiga en la tentación del mal, de la enfermedad, de la droga, del vicio o de la impureza, defiéndelos del pecado de escándalo, y que no sean arrastrados a lo inevitable.

Ilumina su espíritu en conocimiento y sabiduría, en amor a sus padres, e infunde en sus almas el amor al prójimo, a sus hermanos, maestros y todos cuantos están a su cuidado, para que crezcan en el amor y la paz. Ahora y siempre. Amén.

El color de la vela debe ser blanca o azul pálido, símbolos ambos de pureza.

ORACIÓN PARA LA PAZ MUNDIAL

Señor Dios Nuestro, Padre Clementísimo, te pedimos humildemente por la paz del mundo, en estos momentos tan críticos para la humanidad. Enciende Maestro de bondad, la antorcha de tu luz divina en la conciencia de los gobernantes, de los militares, de todos los seres humanos, de las naciones, y de todos aquellos que rigen los destinos del mundo.

ORACIÓN A SAN JUDAS TADEO
(Patrón de las Causas Difíciles)

No hay causa difícil que no se pueda solucionar.

Para nuestro Creador la sinceridad es básica y el amor a nuestros semejantes, vital.

San Judas Tadeo, glorioso apóstol, fiel servidor y amigo de Jesús. El nombre del traidor ha sido la causa del olvido de muchos, pero la Iglesia os honra e invoca como universal patrón de las causas muy difíciles.

San Judas, rogad por mí, pecador y miserable, interceded por mí ante el Tribunal del Cielo, para que me sean borrados los errores y pecados de mi juventud, hoy os pido el privilegio particular por mis necesidades y por los problemas que estoy pasando.

Venid en mi asistencia en esta gran necesidad y permitidme los consuelos y socorros del Cielo en todas mis tribulaciones y sufrimientos *(se hace la petición)...* y que por vuestra gracia, pueda bendecir a Dios con Vos y todos los escogidos, para toda la eternidad.

Os prometo, ¡Oh Bendito Judas!, no olvidar este gran favor, no ceséis de honrarme como a mi especial protector, y con todas las fuerzas de mi alma fomentar la devoción hacia Vos. Amén.

¡San Judas Tadeo, rogad por nosotros y a cuantos os invocan y piden humildemente vuestra protección, ahora y siempre!

Rezad esta oración dos veces cada día, constantemente, hasta que vuestros sentimientos se vayan apaciguando. Es quizá lento el resultado, pero es seguro, aunque eso sí, será importante antes analizar detenidamente la petición a realizar. Si no vemos una solución, abandonémonos al corazón de Dios, y que Él encuentre la mejor solución posible al problema que nos acucia. Encender una vela de color verde y una varilla de aroma de incienso.

ORACIÓN PARA EL DESCANSO NOCTURNO

Contempla Señor, mientras la noche cae,
el cuerpo de tus hombres dormidos:
el cuerpo puro del chiquitín,
el cuerpo impuro de la mujer de la vida,
el vigoroso cuerpo del atleta,
el cuerpo reventado del obrero de la fábrica,
el cuerpo relajado del esposo,
el sensual del mujeriego,
el cuerpo harto del rico,
el maltrecho del pobre,
el cuerpo calenturiento del enfermo,
el dolorido del accidentado,
el cuerpo inmóvil del paralítico,
el cuerpo en estado terminal, y
sobre todo Señor, los cuerpecitos
de los recién nacidos y de sus amorosas madres.
Te pido Señor, en esta plegaria, por todos ellos,
para que con tu bondad infinita los bendigas,
mientras viven dormidos, envueltos en la noche.

ORACIÓN DE GRATITUD

*Creemos que es una oración de gran valor y al mismo
tiempo justa y necesaria, tanto, como para que sea rezada diariamente y mejor a la misma hora. Si se sienten en
lo más profundo del corazón las palabras que la compo-
nen, se apreciará en el ser aún más dicha si cabe.*

Te doy gracias Dios mío,
por la vida, por la sonrisa,
por el techo que me cobija,
por la luz que me alumbra.

Gracias Señor, por la noche apacible,
por las estrellas y el firmamento azul,
por el trabajo, la salud y el amor.

Gracias Señor, por esta esposa fiel y mis hijos,
por esta maravillosa familia que me has dado,
gracias innumerables por los dones que recibimos de Ti.

Gracias por estar conmigo Señor,
Gracias por la vida
Gracias por la Gracia
Gracias, Señor.

Encended una vela de color plata púrpura o violeta.

ORACIÓN DE AGRADECIMIENTO

Señor, a ti clamo:
no te hagas el sordo, Dios mío,
escucha la voz de mi corazón
cuando a Tí grito,
cuando elevo mis manos, Oh Dios mío,
para pedirte clemencia, bondad y compasión
por mis malos actos, errores y desviaciones.

Bendito sea el Señor,
porque ha escuchado la voz
de mi plegaria.

El Señor es mi fuerza y mi escudo;
esperé en él y me socorrió.
Por eso exulta mi corazón
y le canto agradecido.

UN CANTO DE ESPERANZA

Un gracias
dicho con toda el alma,
es plegaria que se eleva a Dios
como perfume de incienso.

Y Dios es Padre
que se hace amor gratuito
siempre,
también en cada esquina
aunque queremos cerrar los ojos
para no verlo.

Pero él con su invisible presencia
está ahí, tendiendo la mano,
para ayudarnos en el desierto de la vida.

Si el cielo se ensombrece,
él es un rayo de esperanza para todos,
y su resplandor ilumina nuestro caminar,
nuestra esperanza en él será nuestra salvación.
Elevemos nuestras plegarias al Señor.

¡Te alabo y te canto, oh Dios!

ORACIÓN A LA SANTÍSIMA TRINIDAD

OREMUS: Trinidad sacrosanta, Divinidad indivisible
del Padre, del Hijo y del Espíritu Santo, primer principio
y último fin nuestro. Ya que nos habéis creado a imagen
y semejanza vuestra, haced que todos los pensamientos
de nuestra mente, todas las palabras de nuestra lengua,
todos los afectos de nuestro corazón y todas nuestras

acciones sean siempre conformes con vuestro santísimo querer, para así poder comprender o al menos intuir cuál es nuestra misión en esta vida terrena, para así actuar en consecuencia, y así después de haberos visto acá abajo, en figura y en enigma por medio de la fe, lleguemos finalmente a contemplaros cara a cara, por los siglos de los siglos. Amén.

ORACIÓN A DIOS HIJO

¡Oh Dios Hijo, pensamiento eterno del Padre! Figura de su substancia y resplandor de su gloria: iluminad nuestras tinieblas con vuestra luz de vida; enseñadnos a caminar firmes en la Fe, y haced que cada día seamos más dóciles a las iluminaciones de vuestra sabiduría, de vuestra inteligencia y de vuestra ciencia, para que con el resplandor de la luz del espíritu, seamos capaces de entender vuestras palabras. Amén.

ORACIÓN DE CONTRICCIÓN

¡Oh Dios, uno en tres Personas, Padre, Hijo y Espíritu Santo! En quien creo, en quien espero, a quien amo de todo corazón, más que todas las cosas; por ser Vos mi Padre, mi Madre, mi Señor y mi Dios, infinitamente bueno y digno de ser amado, me pesa de haberos ofendido a Vos, que sois Bondad Infinita. Propongo y os doy palabra de no ofenderos jamás. Confío que, por vuestra bondad y misericordia infinitas, me perdonaréis todos mis errores y equivocaciones cometidos por la ceguera de mis pasiones. Dadme la gracia de perseverar en vuestro verdadero amor y fervorosa devoción a vuestra Santísima Trinidad. Amén.

San Luis.

75

ORACIÓN ANTE
LOS PROBLEMAS GENERALES DE LA VIDA

Os imploramos Dios mío, Señor nuestro, que por vuestra infinita misericordia, que como creador, conservador y gobernador del cielo y la tierra, nos ayudéis en todos los problemas que nos acechan en esta tierra de promisión en la que nos ha tocado vivir.

Te pedimos humildemente, que nos libréis de toda clase de pecados y tentaciones, de las asechanzas del espíritu maligno, de la ira, del odio y la malquerencia, así como del espíritu de la deshonestidad, de los rayos, tempestades y terremotos; del hambre y de la guerra, y sobre todo de cualquier desgracia, de los engaños, de las enfermedades y ante cualquier situación que nos presente la vida, dadnos Señor fuerza para vencer todas las dificultades, inconvenientes y contrariedades, y ayúdanos a superarlas con esperanza y con amor.

Que nuestros pensamientos sean lúcidos y comprendan de una vez por todas el camino particular de cada uno y del ser humano colectivo. Os lo pedimos, Dios, Padre y Madre al mismo tiempo, para que nuestra evolución prospere.

Encended tres velas, una blanca, una morada y una verde, cada día a la misma hora.

ORACIÓN POR UN ENFERMO DE SIDA

Tú quisiste, Señor, que tu Hijo Unigénito soportara nuestras debilidades, para poner de manifiesto el valor de la enfermedad y la paciencia.

Escucha ahora la plegaria que te dirijimos por nuestro hermano enfermo de sida, es duro Señor, pero la plaga se cebó en él y a causa de ello ha perdido la sonrisa, la alegría y el optimismo; poco a poco va perdiendo sus facultades, y en este trance tan delicado Señor, imploramos tu consuelo, tu compasión, que tú por tu inmensa bondad das a cuantos se hallan sometidos al dolor, la aflicción o la enfermedad. Dadle fuerzas para superar estos dolorosos padecimientos que han hecho mella en su dolorido cuerpo. Señor, Dios mío, bendícele y consuélale en esta hora de depresión y tristeza y no lo abandones, porque él también es hijo tuyo.

Atiéndele, y que tu espíritu sea como un bálsamo eficaz para aliviar el dolor de su cuerpo maltrecho, os lo pedimos por Aquél que se quiso inmolar por nosotros, tu Hijo Jesús el Cristo, en quien Vos tenéis puestas todas vuestras complacencias. Amén.

Encended diariamente dos velas, una de color verde fuerte y otra de color morado, así como una varilla de aroma de mirra.

ORACIÓN POR LAS MADRES

Desde los comienzos de la Humanidad hasta nuestros días, la mujer ha sido el "pilar" grupal, aunque no ha sido nunca reconocida por los hombres. Sólo a ella se le deben los méritos de su pujanza en la sociedad actual. Que sea para bien.

Oh Dios, te ofrecemos nuestras alabanzas y plegarias por las mujeres, por nuestras madres, las cuales nos concibieron con amor, ilusión, anhelo y esperanza.

Te pedimos por nuestras madres, Señor, que construyeron nuestras vidas con su ejemplo; que nos trajeron al mundo con dolor y nos amaron más por ello; que nos alimentaron con su seno y que nos arrullaron en sus brazos para dormir en la placidez del amor.

Infunde en nosotros Señor, el amor y la ternura de nuestros sentimientos para que siempre seamos respetuosos y venerables con ellas, y las ayudemos a escalar los peldaños que les corresponden.

Animémoslas en su ancianidad, dadles Señor, larga vida, y líbralas de los sufrimientos y enfermedades y, sobre todo consérvalas, para que su serenidad sean para nosotros un claro ejemplo de fidelidad, lealtad y devoción hacia ellas. Amén.

A esta oración le corresponden dos colores de velas a encender: una de color rojo y otra de color amarillo.

ORACIÓN AL ESPÍRITU SANTO

Espíritu Santo, tú que me aclaras todo, que iluminas mis caminos para que yo alcance mi ideal.

Tú que me das el don divino de perdonar el mal que me hacen y que en todo momento de mi vida estás conmigo, quiero agradecerte en este corto diálogo, para de todo corazón confiarme en ti y nunca separarme de tu lado.

Por mayor que sea mi ilusión material deseo estar contigo y todos mis seres queridos en la gloria eterna. Gracias por tu misericordia para conmigo y los míos. Amén.

ORACIÓN A LA VIRGEN DEL ROSARIO

OREMUS: Derrama Señor, tu gracia sobre nosotros y por la intercesión de la Santísima Virgen del Rosario, líbranos de cualquier tentación, error, dificultad o accidente, que pudieran apartarnos de tu divina presencia. Amén.

Rezar tres Avemarías diariamente, pensando cada palabra que se pronuncie.

ORACIÓN A SAN VALENTÍN
(Patrón de los enamorados)

Esta oración puede cambiarse y pedir ciertos dones con relación a la pareja. Cada cual sabe muy bien lo que le falta o lo que le sobra.

Glorioso San Valentín, te doy gracias porque por vuestra intercesión, habéis encendido en mi corazón la llama de amor hacia esta persona (aquí citar el nombre de la persona en cuestión), que vos también conocéis y habéis hecho que se cruzara en mi camino.

Hacernos San Valentín, dignos el uno del otro, y fomentar nuestro amor, ternura y afecto, para que unidos podamos a partir de ahora, caminar juntos y sembrar la tierra con el fruto de nuestra unión y que será nuestra alegría y consuelo. Bendice para siempre este enlace y haz que nunca nadie nos separe a lo largo de nuestras vidas. Amén.

Rezadla cada día a la misma hora encendiendo una vela de color azul claro y también quemar incienso en polvo.

ORACIÓN POR UN HIJO

Señor Dios mío, protege a nuestro hijo fruto de nuestro amor, fuente de toda alegría y esperanza en el futuro; despertad su inteligencia, su conocimiento, dad fuerza a su pequeño cuerpo para que crezca sano, de cuerpo y espíritu; socorredle en sus problemas e iluminad siempre sus pasos por el camino del bien y que vuestros santos ángeles custodios lo guien en la fe y la esperanza. Así sea.

ORACIÓN POR LOS HIJOS

Oh Señor, Padre omnipotente, os damos gracias por los hijos que nos habéis concedido. Ayudadnos a quererlos y amarlos sinceramente. Y dadnos también Señor, conocimiento para guiarles, paciencia para enseñarles, prudencia para educarlos y entereza ante los problemas que tuvieran en la vida.

Alienta en nosotros las virtudes humanas para que sepamos transmitirlas a nuestros hijos para su propio bien y despertemos su amor por el prójimo, por sus semejantes, el respeto por las leyes, la autoridad y líbralos siempre de todo peligro.

MAGNIFICAT

Proclama mi alma la grandeza del Señor,
se alegra mi espíritu en Dios mi salvador;
porque ha mirado la humillación de su esclava.

Desde ahora me felicitarán todas las generaciones,
porque el poderoso

ha hecho obras grandes por mí:
su nombre es santo,
y su misericordia llega a sus fieles
de generación en generación.

Él hace proezas con su brazo:
dispersa a los soberbios de corazón
derriba del trono a los poderosos
y enaltece a los humildes,
a los hambrientos los colma de bienes
y a los ricos los despide vacíos.

Auxilia a Israel tu siervo
acordándose de la misericordia
como lo había prometido a nuestros padres
en favor de Abraham y su descendencia
por siempre.

PLEGARIA PARA OBTENER
LA PROTECCIÓN DE SAN JOSÉ

Acordaos, oh piadosísimo Patriarca San José, que
por todas partes se oye hablar de vuestro poder delante
de Dios y de los favores que cada día reciben los
hombres de vuestra generosa mano.

Animado con esta confianza, a vos también acudo,
para implorar vuestra protección, y fervorosamente os
pido que me toméis bajo vuestro patrocinio y que seáis
mi abogado delante del trono de vuestro hijo adoptivo
Jesús Nuestro Señor.

Protegernos durante la vida y asistidnos en la hora
de nuestra muerte. Amén.

ORACIÓN A LOS ÁNGELES CUSTODIOS

Oh Dios, que en tu providencia amorosa te has dignado enviar para nuestra custodia a tus santos ángeles, concédenos, atento a nuestras súplicas, vernos siempre defendidos por su protección y gozar enternamente de su compañía. Amén.

ORACIÓN
AL ÁNGEL DE LA GUARDA
(compuesta por San Juan Berchmans)

Ángel Santo, amado de Dios, que por disposición divina me habéis tomado bajo vuestra bienaventurada guarda desde el primer instante de mi vida y jamás dejáis de defenderme, iluminarme y dirigirme. Yo os venero como protector, os amo como custodio, me someto a vuestra dirección y me entrego totalmente a vos para que me guiéis.

Por esto os ruego humildemente, que no me abandonéis nunca, que me enseñéis si fuera ignorante, me levantéis si hubiera caído, me consoléis si estuviera afligido, me sostengáis si estuviera en peligro, sin que jamás os apartéis de mí. Amén.

ORACIÓN A SAN PANCRACIO
(Patrón de la Salud y el Trabajo)

San Pancracio es Patrono de la Salud y del Trabajo, aunque hace ya muchos años que únicamente se le pide e invoca por lo segundo, el trabajo, debido quizá por la carestía en general que existe actualmente. Al lado de su imagen es costumbre ponerle un poco de perejil, como si fuera ésta una forma de recordarle nuestras peticiones.

Glorioso San Pancracio, a vos acudimos, llenos de confianza en vuestra intercesión. Nos sentimos atraídos a vos con una especial devoción, y sabemos que nuestras súplicas serán agradables a Dios Padre, si vos se las presentáis.

Os rogamos San Pancracio, que nos procures trabajo, ánimo para continuar en la tarea diaria y nos colmes de gracias como la salud, el entendimiento y la voluntad. Mirad glorioso santo nuestras miserias y nuestras penas, nuestros trabajos y necesidades, nuestros buenos deseos y finalidades, para que podamos algún día compartir con vos la presencia de Nuestro Señor Jesús el Cristo. Amén.

Recordar a San Pancracio cada día es como asegurarse un buen trabajo, dicen muchos, y ciertamente parece que así es.

ORACIÓN EN BENEFICIO DE LAS ALMAS DEL PURGATORIO

Aunque muchas veces se ignora, especialmente los cristianos tenemos la santa obligación del amor hacia las almas del Purgatorio. Es la contrapartida de pena y gracia.

Señor Dios, os rogamos que por vuestra bondad infinita socorráis a nuestros parientes y amigos que todavía están en el purgatorio, penando y sufriendo sus errores de otros tiempos, y también por las más necesitadas.

Tened compasión de ellos, Señor, y extended vuestros brazos cariñosos de Padre y Madre hacia ellos, para que así acogidos por Vos no sufran más el dolor de vuestra ausencia infinita; liberar Señor pronto sus almas, que nuestras oraciones sean el lazo de unión de ellas contigo, y que la luz de tu espíritu las conduzca a la gloria eterna. Amén.

Esta oración se dirá especialmente por la noche, al acostarnos, sin encender ninguna vela para no cargar el ambiente de la habitación. Será un buen propósito, agradable a la mirada del Innombrable, decidla siempre a la misma hora (perdonad la insistencia, pero es tan importante). También en momentos apurados podemos solicitar algún favor o gracia especial de mediación a estas mismas almas del Purgatorio a las que hemos intercedido por ellas.

PLEGARIA DEL RECTO PENSAR
(San Agustín)

Señor, cuando mis labios callan
no guardan silencio mis pensamientos.
Por eso, si sólo pensara en cosas
de tu agrado, no te rogaría me libraras
de mis muchas palabras.
Pero son muchos mis pensamientos
y tú los conoces,
y sabes que son humanos.

Concédeme no consentir en ellos;
haz que pueda rechazarlos
cuando siento tu caricia,
que nunca me detenga dormido

en sus halagos,
que no ejerzan sobre mí su poderío
ni pesen en mis acciones,
que mi conciencia esté al abrigo
de su influjo.

ORACIÓN POR LOS EMIGRANTES

Oh Jesús, que desde vuestra tierna edad, os vísteis obligado a emigrar a otras tierras junto a vuestra madre María y vuestro padre José, os pedimos por cuantos por motivos diversos han tenido que cambiar de patria, que seáis siempre para ellos, brújula en medio de las incertidumbres y dificultades que tendrán que soportar en tierras extranjeras.

Sed consuelo en sus fatigas y protejerlos de todos los peligros y calamidades. Y que algún día puedan volver a reunirse con todos nosotros.

ORACIÓN PARA LOS QUE EMPRENDEN UN VIAJE

Oh Dios, que pusísteis al arcángel San Rafael por compañero de viaje al siervo Tobías, concedednos que sea siempre guía segura y ángel consolador de nuestros amigos en este largo viaje que han emprendido; alejad de ellos todos los peligros y haced que puedan llegar felizmente al puerto deseado.

Devolvedlos sanos y salvos a sus queridas familias y que su regreso sea motivo de alegría y beneplácido para todos nosotros.

ORACIÓN A SAN CAMILO
PARA LOS ENFERMOS
(Larga enfermedad)

Glorioso San Camilo, especial protector de los pobres enfermos, os pedimos que aliviéis sus males y dolencias, y socorredles en sus padecimientos corporales. Alcanzadles de Dios la curación de su enfermedad y dadles la paciencia suficiente para soportar su postración. Tened San Camilo piedad de ellos y que reciban siempre vuestra generosa protección. Amén.

ORACIÓN EN TIEMPO DE TERREMOTOS

Oh Dios creador de todas las cosas, del cielo y de la tierra, aceptad los ruegos de vuestro poblado, y alejad de nosotros los peligros de temblores de tierra, las catástrofes y otros elementos, seísmos y desastres que perturben la naturaleza, asimismo como a la destrucción de nuestro planeta. Libradnos Señor de todos los males presentes y futuros. Así sea.

ORACIÓN A SANTA BÁRBARA
PARA LAS TEMPESTADES
(Patrona de la artillería)

Gloriosa Santa Bárbara, que sois guía y faro de navegantes y náufragos, libradnos de todos los peligros, de las tormentas, de los ciclones y huracanes, de las inundaciones, de los desbordamientos de los ríos y alejad de nosotros los azotes de los rayos y los relámpagos, que destruyen campos y cosechas. Protejednos en las calamidades y sed siempre nuestra guía protectora.

ORACIÓN A SANTA LUCÍA PARA CONSERVAR LA VISTA
(Patrona de la vista y de los ojos)

¡Oh Santa Lucía!, cuyo nombre se deriva de la luz, a vos nos presentamos llenos de confianza para que nos alumbréis siempre con vuestra eterna e invisible presencia.

Os imploramos también por vuestra intercesión, la conservación de la luz de nuestros ojos y que nos libréis siempre de la ceguera del alma y del cuerpo. Y os pedimos que seamos siempre instruidos en el fervor de la devoción que os profesamos. Amén.

ORACIÓN A SANTA RITA
(Patrona de los imposibles)

Gloriosa Santa Rita, vaso escogido de sublimes virtudes, alcanzadme la gracia para que sufra con resignación las penas de esta vida y protejedme de todas mis necesidades, para que pueda así progresar todos los días de mi vida. Protegedme en el trabajo diario y dadme salud y firmeza para realizarlo. Amén.

ORACIÓN AL CELESTIAL PATRONO DE CADA UNO

Celestial Patrono mío, con cuyo nombre fui bautizado, libradme siempre de todo peligro, robustecedme en las virtudes, y dadme voluntad en todas las acciones de mi vida. Amparadme en la hora de mi muerte para que merezca conseguir la gloria eterna. Amén.

ORACIÓN
PARA LA UNIÓN DE LAS IGLESIAS

Te rogamos Señor, Vos que enmendáis los extravíos, reunís las cosas dispersas y conserváis las ya reunidas, os rogamos que derraméis benignamente sobre vuestro pueblo la gracia de la unión de las diversas religiones y creencias, para que unidos en una sola verdad y alejados de toda discordia, os podamos servir dignamente, formando un solo rebaño bajo la guía de un solo Pastor.

ORACIÓN A SANTA BRÍGIDA
REINA DE SUECIA

Con el corazón confiado, nos dirigimos a vos, bienaventurada Brígida, para pediros, en estos tiempos de hostilidades y turbulencias, vuestra intercesión por los pueblos que se hallan en luchas fraticidas, por motivos de raza, religión o color.

Extended los brazos para que por vuestra intercesión la paz y la unidad vuelva a estos pueblos y así libradles de los atroces padecimientos de las guerras, las muertes, el hambre y la miseria que los oprime. Amén.

ORACIÓN PARA LA
PROTECCIÓN DEL HOGAR

Si esta oración es rezada cada día por todos los componentes de la familia, será un escudo de protección contra toda negatividad ajena, siendo además de máxima utilidad y servicios constructivos para que la armonía, la paz y el amor reinen en el hogar de forma continuada.

Lamentablemente, el falso pudor o vergüenza de orar unidos ha caído en desuso hoy día.

¡Oh Dios de bondad y de misericordia! Os encomendamos a vuestra paternal protección nuestra familia, nuestro hogar y todo cuanto nos pertenece, nuestros bienes, nuestras riquezas, nuestros enseres y todo aquello que es de utilidad para nuestro bienestar.

Apartad de nosotros y de nuestro hogar, los males y las desventuras, las enfermedades y los padecimientos, los malos espíritus y a todos los que nos quieren mal, así como cualquier influencia negativa que nos circunde.

Concedednos finalmente la gracia de vivir en concordia, en perfecta armonía y llenos de caridad para con nuestro prójimo. Os suplicamos, que por la intercesión de la Virgen María, nos defendáis siempre de toda adversidad y que clemente libréis, ahora y siempre de las asechanzas de los enemigos a esta familia, postrada de todo corazón ante Vos. Amén.

Es importante encender una vela roja y otra blanca cuando se reze esta oración y también diez minutos antes, mientras se piensa y medita sin precipitación en la familia y en sus circunstancias actuales.

ORACIÓN PARA ANTES DE TOMAR DECISIONES IMPORTANTES
(Santo Tomás de Aquino)

Reunidos en completo silencio, antes de iniciar esta reunión de negocios, os imploramos poderoso Santo Tomás, que os dignéis penetrar en nuestros corazones,

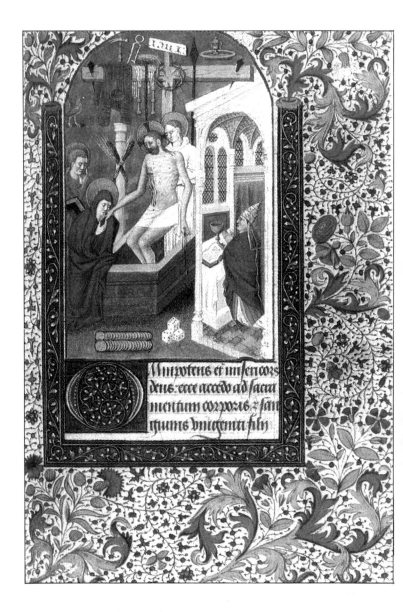

San Gregorio El Magno.

90

iluminando nuestro espíritu, para que nuestras decisiones sean las acertadas; indicadnos dónde nos hemos de dirigir y mostradnos lo que hemos de realizar. Sed Vos, el único inspirador de nuestras decisiones.

No permitáis que perturbemos la justicia, no toleréis que la ignorancia nos arrastre al mal, ni que nos doblegue la corrupción para obtener cargo alguno que no merezcamos. Acudid a nosotros en esta hora suprema de nuestras decisiones y que ayudados del Espíritu Santo por tu intercesión, acertemos plenamente en nuestro vital asunto, sin que por ello nuestro orgullo haya crecido. Así sea.

ORACIÓN A SAN VICENTE DE PAÚL
(Patrón de los pobres)

Glorioso San Vicente, celestial patrono de los pobres y marginados, vos que durante vuestra vida a ninguno rechazásteis de cuantos acudieron a vos, concedednos socorro para los pobres, alivio para los enfermos, protección para los abandonados, vagabundos y gentes sin techo, generosidad para los ricos, tranquilidad para los pueblos y salvación para todos los humanos. Venid en nuestra ayuda, ahora y siempre.

Encended una vela de color blanco cada día que se reze esta oración.

A SAN VICENTE FERRER CONFESOR

Oh glorioso apóstol y taumaturgo San Vicente Ferrer, nuevo ángel del Apocalipsis y amable protector nuestro, acoged nuestras humildes plegarias y haced que descienda sobre nosotros la abundancia de los divinos favores, que siempre concedísteis a cuantos imploran vuestro auxilio. Haced también extensivo vuestro patrocinio a los cuerpos y librarlos de las enfermedades. Preservar nuestros campos de los estragos de las tempestades y del granizo; alejad de nosotros las calamidades. Favores que esperamos conseguir de vos, por los siglos de los siglos, ahora y siempre. Amén.

ORACIÓN A LOS SANTOS PATRIARCAS

A vos glorioso patriarca, que recibísteis de Yahvé el Arca de la Alianza, protegiendo a vuestro pueblo a lo largo de la historia, interceded por nosotros en estos momentos de angustia e incertidumbre y libradnos de las guerras, las pestes, el hambre y la muerte. Por los siglos de los siglos.

ORACIÓN EN LA HORA DE LA AGONÍA
(Fieles difuntos)

Dios omnipotente y misericordioso, que dísteis al linaje humano los remedios para su salvación y los dones de la vida eterna, dirigid propicio vuestras miradas sobre nosotros y confordad a las almas de nuestros hermanos difuntos en esta suprema hora de tránsito para que alcanzen la gloria de compartir la vida eterna en vuestra compañía. Amén.

ORACIÓN PARA TODOS LOS DÍAS

Dios de infinita bondad, os suplicamos la gracia, de que asistidos por nuestros Angeles Custodios y alejados de las malas influencias, podamos concentrarnos en lo profundo de nuestras almas y elevando nuestros espíritus hacia Vos, os imploremos vuestros dones para todos los días de nuestra vida.

Os rogamos nos concedáis conformidad en nuestras pruebas, alivio en nuestros males, resignación en las calamidades, paciencia en las dolencias, olvido de los agravios, alejamiento de las malas pasiones, consuelo en las aflicciones, prudencia en todos nuestros actos y luz y resplandor en nuestro camino por la vida que nos conducirá a vuestro Reino al que nos tenéis destinado.

Os pedimos, finalmente Señor, alivio y progreso espiritual para nuestros padres, hermanos, parientes, amigos y enemigos.

Salud para los enfermos, luz para los espíritus atrasados no evolucionados, y misericordia para las almas que sufren olvidadas de los hombres para los que gimen en las cárceles y presidios y perdón para nuestros enemigos. Amén.

Rezad tres Avemarías.

ORACIÓN ANTE UNA DIFICULTAD

¡Dios Todopoderoso! Que véis mis miserias y defectos, dignaos escuchar favorablemente los votos que os dirijo en este momento por los que estoy atravesando problemas en mi vida, y enviadme a vuestros espíritus para que me socorran y que por vuestra divina voluntad me ayuden en esta atribulación. *(Formúlese la petición).*

Orad: Un Padrenuestro ante una vela roja.

EVOCACIÓN A LOS ESPÍRITUS BUENOS

Alabados seáis, espíritus puros del Señor. Yo, humildemente, elevo a vosotros mis pensamientos y corazón; os ruego que me guiéis siempre por la senda de la verdad y me iluminéis en los divinos preceptos, para no faltar nunca a ellos y cumplir la suprema voluntad de mi Creador, y hacerme digno de alcanzar pronto su bienaventuranza.

Evoco vuestra asistencia en estos momentos, para que con vuestros fluidos fortifiquéis mi atribulado espíritu encarnado, a fin de comprender y ver con más claridad las grandezas y el amor supremo de nuestro Señor hacia nosotros los hombres. Amén.

ORACIÓN PARA VIDENTES Y MÉDIUMS

Dios Todopoderoso que me habéis dado la facultad de la videncia para ayudar con mi visión a solventar los problemas de los que acuden a mí en busca de soluciones, os ruego que permitáis a los buenos espíritus que me asistan en la comunicación que os solicito.

Presérvame de la presunción de creerme al abrigo de los malos espíritus; del orgullo que pudiera ofuscarme sobre el valor de lo que obtenga; de todo sentimiento contrario a la caridad con respecto a otros médiums y libradme sobre todo de la envidia, el engaño y la deshonestidad con los que acuden a mí.

Si por cualquier concepto intentase abusar de la facultad que me habéis concedido, os ruego que me la retiréis, antes de permitir que la desvíe de su objetivo providencial, que es el bien de todos, y de mi propio adelantamiento moral. Así sea.

ORACIÓN CONTRA LOS ERRORES PERSONALES

Dios mío Todopoderoso cuya infinita misericordia reconozco. Yo, pecador, os pido perdón humildemente de todas las faltas que haya cometido en mi existencia.

Os suplico, que apartéis de mí toda tentación contraria a vuestra ley.

Y a vos María, madre nuestra, os pido que me iluminéis y me ayudéis para perserverar siempre en el bien, por el recto camino de la verdad y de la honestidad, por los méritos de vuestro hijo Jesús el Cristo.

ACCIÓN DE GRACIAS POR UN FAVOR OBTENIDO

Dios infinitamente bueno: que vuestro nombre sea bendecido por siempre, en especial por los bienes y favores que me habéis concedido; sería casualidad si no los atribuyera a vuestra providencia, o mi mérito propio. Y a vosotros ángeles guardianes, que habéis ejecutado los designios de la voluntad del Señor, os doy innumerables gracias.

Particularmente os doy gracias por...

Aquí se citarán las gracias obtenidas, mientras está encendida una vela de color rosa.

ORACIÓN PARA UN SUICIDA

Te rogamos Señor, tengas piedad de nuestro hermano, que puso fin a sus días violando tus sagradas leyes de la vida. Os suplicamos por su alma, y que vuestros ángeles le inspiren al arrepentimiento para que vuestra asistencia le de fuerzas para aceptar con resignación, las nuevas pruebas que tendrá que sufrir para repararla.

Que tu bondad, Señor, lo acoja en el manto de tu misericordia eterna y que algún día pueda estar a tu lado en la gloria prometida para los arrepentidos. Amén.

ORACIÓN A SAN JOSÉ

Acordaos, oh purísimo Esposo de la Virgen María, protector mío, que jamás se ha oído decir que ninguno de los que han invocado vuestra protección y pedido vuestro auxilio, haya quedado sin vuestro consuelo.

Animado con esta confianza comparezco ante vuestra presencia y me encomiendo fervorosamente a vos. No despreciéis mis súplicas, antes bien acogedlas benignamente. Así sea.

ORACIÓN A SAN PABLO APÓSTOL

Omnipotente y sempiterno Dios, que, con divina misericordia, ordenásteis al bienaventurado Apóstol Pablo lo que había de hacer, para quedar lleno del Espíritu Santo, haced que gobernados por sus enseñanzas y favorecidos por sus méritos os sirvamos con temor y temblor y nos llenemos del consuelo y gracia de los celestiales dones.

ORACIÓN DE GRACIAS A SAN ANTONIO
(Patrón de pobres y afligidos)

Glorioso taumaturgo San Antonio, padre de los pobres y consolador de los afligidos, que con tanto solicitud habéis venido en mi ayuda y de esta manera me habéis consolado; heme aquí a vuestros pies, para ofreceros mi gratitud.

Aceptadla, juntamente con la promesa que os renuevo de vivir siempre fiel a los preceptos de Dios. Otorgadme San Antonio, vuestra protección y alcanzadme la gracia final de una vida eterna en el cielo. Amén.

ORACIÓN PARA ALEJAR LOS MALOS ESPÍRITUS

En el nombre del Espíritu Santo, que los malos espíritus se alejen de nuestro entorno, y que los ángeles custodios nos sirvan de baularte contra el maligno.

Que las buenas vibraciones envuelvan mi hogar.

Espíritus del mal que provocáis malos pensamientos y tentaciones a los hombres, tramposos y burlones que engañáis, yo os rechazo con todas las fuerzas de mi alma y cierro mis oídos a vuestras seducciones. Apartáos de nosotros.

Espíritus buenos que os dignáis asistidme, dadme fuerzas para resistir siempre la influencia de los malos espíritus, y seguir el recto camino de la verdad, de la piedad, y de la fidelidad a los mandamientos del Señor. Ahora y siempre. Amén.

INVOCACIONES
(San Ignacio de Loyola)

Alma de Cristo, santifícame.
Cuerpo de Cristo, sálvame.
Sangre de Cristo, embriágame.
Agua del costado de Cristo, lávame.
Pasión de Cristo, confórtame.
Oh buen Jesús, óyeme.
Dentro de tus llagas, escóndeme.
No permitas que me aparte de ti.
Del maligno enemigo defiéndeme.
En la hora de mi muerte, llámame.
Y mándame ir a Ti;
para que con tus ángeles te alabe.
Por los siglos de los siglos.

ORACIÓN AL PADRE
(Carlos de Foucauld)

Padre, me pongo en tus manos.
Haz de mí lo que quieras.
Sea lo que sea, te doy gracias.
Estoy dispuesto a todo.
Lo acepto todo,
con tal que tu voluntad se cumpla en mí
y en todas tus criaturas.
No deseo nada más, Padre.
Te confio mi alma,
te la doy con todo el amor de que soy capaz.
Porque te amo y necesito darme,
ponerme en tus manos sin medida
con una infinita confianza,
porque Tú eres mi Padre.

ORACIÓN DE CONFIANZA

Jesús, José y María: os doy el corazón
y el alma mía.
Jesús, José y María; asistidme
en mi última agonía.
Jesús, José y María con vosotros
descanse el alma mía.

Rezad tres Avemarías.
Encienda una vela de color azul celeste.

TARDE TE AMÉ
(San Agustín)

¡Tarde te amé,
hermosura tan antigua y tan nueva,
tarde te amé!

Tú estabas dentro de mí,
y yo fuera,
y por fuera te buscaba,
y me lanzaba sobre las cosas hermosas
por ti creadas.

Tú estabas conmigo
y yo no estaba contigo.
Me retenían lejos de ti todas las cosas,
aunque, si no estuviesen en ti, nada serían.

Llamaste y clamaste,
y rompiste mi sordera.
Brillaste y resplandeciste,
y pusiste en fuga mi ceguera.

Exhalaste tu perfume,
y respiré y suspiré por ti.
Gusté de ti, y siento hambre y sed.
Me tocaste, y me abraso en tu paz.

ORACIÓN DE TIEMPO ORDINARIO

Te pedimos, Señor, nos concedas a nosotros tus siervos gozar siempre de la salud del cuerpo y del alma; y por la intercesión gloriosa de Santa María, la Virgen, líbranos de las tristezas y angustias de este mundo y concédenos las alegrías de vivir siempre en paz y armonía.

ORACIÓN A LA VIRGEN DEL PILAR

Dios todopoderoso y eterno, que en la gloriosa Madre de tu Hijo, has concedido un amparo celestial a cuantos la invocan con la secular advocación del Pilar; concédenos, por su intercesión, fortaleza en la fe, seguridad en la esperanza y constancia en el amor. Amén.

ORACIÓN POR LA PAZ DEL MUNDO

Oh Dios, autor y amante de la Paz, a quien conocer es vivir y a quien servir es reinar, proteged contra todos los ataques a los que a Vos se dirigen con sus súplicas, para los que tenemos puesta la confianza en vuestra defensa, no temamos las armas de ningún enemigo.

Haced, Señor, que por los méritos de todos los seres de la Tierra, por los dolores y sacrificios de los que han vivido a través de las generaciones en ella, se alcance al fin esta Paz Mundial tan anhelada y deseada. Os lo pedimos con todo nuestro corazón. Así sea.

OREMOS esta plegaria una vez al día a la misma hora. Encender mientras se reza y medita, una vela de color blanco y otra de color azul.

ORACIÓN POR LA UNIÓN DE LAS IGLESIAS

Desde siempre el ser humano siente en su interior el anhelo misterioso de que las diferentes religiones estén unidas en una sola, quizá porque comprende que el Creador es solo uno, único. Para los que así piensen he ahí esta Oración de Petición:

Padre y Creador de todo lo visible e invisible. Nos acercamos tímidamente a vuestra presencia con el sentimiento universal de unión de todos los credos y religiones del mundo, para que así las vibraciones conectadas de todos los seres vibren al unísono hacia Tí, pues intuímos que de esta manera, la concordia, el Amor y la Paz estarán presentes y conscientes en nuestra alma. Os lo pedimos y suplicamos para que así sea durante todas las generaciones.

Esta es otra oración para ser leída diariamente también a la misma hora cada día, mientras se encenderá una vela de color morado.

PLEGARIA A JESÚS

(De: "Poesías... desde mi... corazón...", por Vicente Martínez Romero)

¿Por qué tanto nos quejamos
con tan poquita razón,
si todo lo que hace falta
nos lo ha dado nuestro Dios?
Perdona mis egoísmos,
mi Jesús crucificado,
y piensa en ésos, tus hijos,
"los otros desheredados".

Los que están pasando hambre,
frío y contaminaciones,
y que están casi olvidados
de todas nuestras naciones.

También te pido por "otros",
Tú ya sabes los que son,
los que causan tantas muertes,
tantas penas y dolor.

Los "etarras" en España,
Saddam en otro lugar,
y tantos y tantos "otros",
que no se pueden contar.

Dales a todos cordura,
dales cariño y amor,
para que pronto se acabe
de todo el mundo el dolor.

¡De rodillas ante Tí,
mi Dios querido y amado,
te pido pan para el hambre,
y amor para el desalmado!

Encienda una vela de color lila.

EQUILIBRIO

(De: "Dos vidas en una sola y un solo Dios para to-das", por A. Marqués Roca).

El Cielo os ayudará y nadie podrá con vosotros, ten fe, y triunfarás. El Dios del Perdón es vuestro gran Blasón y en El se romperá todo el mal creándose un crisol, del bien y del amor. Tú has deseado siempre el bien y se te ha devuelto el mal, no sufras por este ciclo infernal, que él solo se destruirá. Tu destino está escrito y el camino casi terminado, no luches más, todo te vendrá a la mano.

No pienses en el cambio de materia ya que éste es muy sencillo, y el camino más fácil está más que reco-rrido. Disfruta de la Paz que Dios te concederá en los años que te precederán, vive el presente y no pienses en el final.

La paz y la felicidad debes pedir para los que te reco-gieron y suplica el bien para los que el mal te hicieron, que falta les hará cuando vean que todo lo perdieron. Tu corazón sanará, para un tiempo en este tiempo y debes dar felicidad a los que bien te acogieron.

No renuncies a nada de lo que ahora te ofrezco, pues el camino tú lo escogiste en una noche de mal agüero, y a mi lado te pusiste defendiendo nuestro propio credo. Yo te espero con las almas que como tú sintieron la llamada de todo lo bueno y bello. El mal se te irá arrancando por tus muchos compañeros que te esperan más allá de los luceros.

Que la Luz de Nuestro Señor esté contigo y le dé ener-gía y fuerza a tu espíritu. Tranquilo, hermano mío, que yo te espero al final de tu camino. No has sido malo, pero sí un equivocado, pero tu amor a Dios Nuestro Señor te ha salvado. El bien nace contigo mismo y éste no se puede perder en el vacío.

REFLEXIÓN

Pido amor y perdón por todos los que mal me hicieron; pues yo ya lo siento en mi interior, al irme acercando cada día más hacia mi Creador. Energía que de mi cuerpo escapa, refuerza mi alma y que mis nervios pueda controlar, ya que ellos son nuestro conducto de electricidad. Yo sé que mi cuerpo está débil de la Gran Energía Espiritual, que es la Energía Universal, tanto en lo fluídico como en lo material. Que se reflejen en el espejo del bien, aquellos que mal me quieren y mi salud desean emponzoñar y que el Amor y la Paz vuelvan a su antiguo lugar.

ENTUSIASMO ES JUVENTUD
(Credo del general MacArthur)

La juventud no es un período en la vida. Es una disposición del ánimo. Es temple de la voluntad, calidad de la imaginación, vigor de los sentimientos, predominio del valor sobre la timidez, de la sed de aventuras sobre el deseo de reposo.

A nadie envejecen los años. El único envejecedor del hombre es el abandono de los ideales. Arrugas dejarán los años en el rostro; la apatía las deja en el alma.

Preocupaciones, dudas, desconfianza de nosotros mismos, temores, abatimiento: esto es lo que doblega la frente antes erguida y deja cenizas donde se levantó prometedora la llama del espíritu. A los 60 años, lo mismo que a los 16, hay en el ser humano el anhelo maravilloso, el dulce arrobo de la noche estrellada, los propósitos y hechos estelares, la intrepidez vencedora del acontecimiento, la alegría en el juego que es la vida, la inagotable, casi infantil apetencia que interroga: "¿Y qué más?".

En la medida de nuestra fe seremos jóvenes y en la de nuestra duda, viejos; jóvenes según la confianza que en nosotros mismos tengamos y viejos según el temor que nos cohiba; jóvenes en proporción a nuestra esperanza y viejos conforme a nuestro desánimo.

Mientras capte nuestro corazón el mensaje de la hermosura, de la alegría, del valor, de la grandeza, del poder que irradia del hombre y de lo infinito, habrá juventud en nosotros.

Sólo cuando toda comunicación quede interrumpida, cuando la nieve del pesimismo y el hielo de la indiferencia hayan cubierto las estaciones receptoras de nuestro corazón, sólo entonces seremos realmente viejos y Dios tenga entonces piedad de nosotros. *Vive cada día de tu vida como si esperases vivir eternamente*.

PLEGARIA DE UNA ANCIANA MONJA
(De humor)

Señor, tú sabes mejor que yo que me estoy haciendo vieja y que un día, pronto, yo estará incluida entre los "ancianos". Guárdame del fatal hábito de creer que yo tengo algo que decir a propósito de todo y en toda ocasión.

Líbrame del obsesivo deseo de poner en orden los asuntos de los demás. Hazme reflexiva pero no malhumorada, servicial pero no arbitraria. Me parece que es una lástima que no sean utilizados los valiosos recursos de mi sapiencia. Pero tú sabes, Señor... que me agradaría conservar algunos amigos.

San Mateo.

107

MÁXIMAS

Tu única obligación, en cualquier período vital, consiste en ser fiel a ti mismo.

J. Crayon

Tal vez toda la vida no es más que un sueño contínuo, y el momento de la muerte, será un súbito despertar.

Lafrance

¿Cómo es posible decir qué cosa es la muerte, si todavía sabemos tan poco sobre la vida?

G. Mhon.

La mente humana es semejante a un ordenador, en la cual la mente actúa enviando datos al cerebro y éste actúa sobre el cuerpo humano, ordenando que se cumplan las órdenes recibidas.

Sergio

La medicina astrológica es sensacional.

Ramón Pérez-Pujol

Siempre he deseado saber por qué existe el Universo, qué había antes del principio y cuál es nuestra función en él.

Hawking

El ser humano es una gran antena capaz de recibir, acumular y transmitir la energía cósmica.

Miguel Lázaro Vilas

El Hombre se convierte en un engranaje de la vasta maquinaria económica. Un engranaje importante si posee mucho capital, pero insignificante si carece de él; en todos los casos, continúa siendo un engranaje a servir propósitos que le son ajenos.

Erich Fromm

Míticos, los objetos voladores no identificados, podrían ser unos mensajeros muy inquietos del inconsciente. Reales, los Ovnis serían unos mensajeros discretos del Universo.

Jerome Dumoulin

Hay una Inteligencia Superior que ordena las coordenadas de este Infinito Cosmos, y en esas mismas coordenadas hay unos influjos que conexionan lo humano a lo cósmico.

Anónimo

Los curanderos (sanadores) canalizan energías de naturaleza cósmica, constituyendo a su propio cuerpo como un canal que concentra y administra las fuerzas así recibidas para la curación.

Fidel Baylach

Practicar la fórmula "Vivere parvo": Comprender que la salud se conquista mediante un esfuerzo de conocimiento y de voluntad.

Anónimo

Jamás la humanidad habrá pasado en los últimos milenios por un trance tan importante y trascendental (entrada en la Era de Acuario).

Maca González Mayo

Ha llegado la hora de invertir nuestros esfuerzos en el nacimiento de un nuevo ser humano, que sea capaz de asumir los acontecimientos que se avecinan.

Le Gran Duc

Si inventásemos un aparato del tiempo, y lo accionásemos de forma que nos llevara, digamos treinta años atrás, no nos encontraríamos en el lugar de procedencia, sino en el punto del espacio en que estaba la máquina hace un mes. Y falleceríamos instantáneamente en el vacío cósmico.

Marius Lleget

Recordemos y tengamos presente que la casualidad no existe en el Universo. No lo olvidemos.

Cayo Quiñones de León

El hombre que se une a la mujer (y a la inversa), debería hacerlo con la intención de complementarse y comprender el misterio de la vida a través de esta unión, con su compañera, con un comportamiento religioso, porque sagrada es la unión entre los sexos.

Fulvio Endhell

No es fácil para el hombre criado en la sociedad materialista, romper su esquema de cosas y abrazar una religión cósmica que le obliga a espiritualizarse tanto como materializado estaba antes.

Manuel Seral Coca

Alguien dijo una vez: "Yo soy los demás". Cada uno de nosotros es el embajador, el símbolo y el sentido de todos los demás.

Anónimo

Los idólatras pidieron a Mahoma un milagro y éste les hizo ver la Luna, partida en dos mitades, una a cada lado del monte Hira.

Luis Utset Cortés

La "Bola de la Redención" es la aparición en el firmamento del "Cometa-Planeta".

Cayo Quiñones de León

Es necesario y preciso aceptar con valentía y también con mucha serenidad la realidad de los hechos presentes, por muy triste y angustiosa que ésta sea. No caigamos perezosa e indolentemente en el mundo de las ilusiones, que no nos servirán absolutamente para nada.

Cayo Quiñones de León

A nadie, sea ilustre o humilde, le es indiferente una muestra sencilla de aprecio.

Anónimo

Con sólo que abramos los ojos y examinemos las noticias de la prensa, nos damos cuenta de que la auténtica y verdadera justicia ha desaparecido totalmente de este mundo.

Cayo Quiñones de León

Los momentos que estamos viviendo no es únicamente la agonía final de una civilización o un mundo, sino la adaptación que supone el término de una Era y el comienzo de otra.

M. González

Frente a la creatividad, la unidad, la armonía, el amor, la libertad, la belleza y la tranquilidad, nos hemos visto abocados a la sumisión, la impotencia, las prisas incontroladas, la insatisfacción personal, la crisis de valores, la agresividad, el suicidio y la locura.

Maca González

INDICE

Oremos 9
Introducción..11

1
LA ORACIÓN PUEDE CURAR 13
La oración puede curar 15

2
ORACIONES ESCOGIDAS 21
Oración de Adoración 23
Plegaria a Dios ante un caso imposible 23
Plegaria para vivir mejor.................................24
Oración del silencio para conseguir Paz.............25
Oración al Espíritu Santo para pedir
iluminación para la familia 27
Oración al Espíritu Santo para recibir inspiración 27
Jaculatoria a la Virgen para ser puro.................27
Oración de San Bernardo para rezar cada día.............28
Oración a la Santísima Virgen (sacada de las
revelaciones de Santa Gertrudis)......................28
Para la salud y contra la enfermedad 29
Oración por los enfermos 29
Gran Oración por los familiares enfermos 30
Oración divina para la curación 31
Oración por el ser que está en agonía................31
Recomendación del alma 32
En el momento de expirar................................32

Oración en el cementerio en el acto de
enterrar a un difunto 33
Oración por la familia 33
Oración a Jesús Crucificado 34
Plegaria del recto pensar 34
Por un poquito de amor..35
Benedictus de Fe 36
El Señor es mi pastor 37
Salmo de la Misericordia y del Perdón......................37
El Señor tenga piedad 39
En Paz 39
Receta para la santidad 40
La Gran Invocación Cósmica 42
El Credo optimista..42
Oración al terminar el día 44
Oración para alejar el mal que pudiera
haber en la casa 44
Himno de las virtudes humanas (Al Espíritu Santo) ..45
Oración para la familia 46
Oración para la prosperidad 46
Oración ante la tribulación 47
Oración de gratitud 48
Oración para un agonizante......................................48
Invocación a la Divinidad para obtener
Gratitud, Amor y Fraternidad 49
Oración para todos los días......................................49
Plegaria nocturna de protección 51
Jaculatoria de Protección y Fe 52
Oración para cuando estamos enfermos 52
Oración para un enfermo de los nervios....................53
Oración para cuando estamos preocupados 54
Oración para lograr el éxito 55
Oración para lograr armonía familiar 56
Oración para un enfermo de cáncer 56
Oración para un familiar fallecido 57

Oración por un hijo fallecido 60
Oremus después de expirar 61
Oración por los presos............................61
Oración por los que no se valen por sí mismos 62
Oración de gracias por las pruebas de la vida 63
Oración para la buena cosecha 63
Oración de gracias por haber salido de un peligro 64
Oración por los recién fallecidos 65
Oración por los que sufren dolores y enfermedades....65
Oración para pedir un consejo 67
Oración para un niño recién nacido 68
Oración por los niños 68
Oración para la Paz Mundial......................69
Oración a San Judas Tadeo (Patrón de las
causas difíciles) 69
Oración para el descanso nocturno 71
Oración de gratitud 71
Oración de agradecimiento 72
Un canto de esperanza...........................73
Oración a la Santísima Trinidad 73
Oración a Dios Hijo 74
Oración de contricción 74
Oración ante los problemas generales de la vida 76
Oración por un enfermo de sida 76
Oración por las madres 77
Oración al Espíritu Santo 78
Oración a la Virgen del Rosario 79
Oración a San Valentín (Patrón de los enamorados) ..79
Oración por un hijo 80
Oración por los hijos............................80
Magnificat 80
Plegaria para obtener la protección de San José.........81
Oración a los Ángeles Custodios 82
Oración al Ángel de la Guarda (Compuesta
por Juan Berchmans)............................82

Oración a San Pancracio (Patrón de la Salud
y el Trabajo) 82
Oración en beneficio de las almas del Purgatorio 83
Plegaria del recto pensar (San Agustín) 84
Oración por los emigrantes 85
Oración para los que emprenden un viaje...................85
Oración a San Camilo para los enfermos ....
(Larga enfermedad)...86
Oración en tiempo de terremotos 86
Oración a Santa Bárbara para las tempestades 86
Oración a Santa Lucía para conservar la vista
(Patrona de la vista y de los ojos) 87
Oración a Santa Rita 87
Oración al celestial patrono de cada uno 87
Oración para la unión de las Iglesias 88
Oración a Santa Brígida Reina de Suecia...................88
Oración para la protección del hogar 88
Oración para antes de tomar decisiones importantes
(Santo Tomás de Aquino) 89
Oración a San Vicente de Paúl 91
A San Vicente Ferrer confesor 91
Oración a los santos Patriarcas 92
Oración en la hora de la agonía (Fieles Difuntos) 92
Oración para todos los días...................................92
Oración ante una dificultad...................................93
Evocación a los Espíritus buenos 94
Oración para videntes y médiums...........................94
Oración contra los errores personales 95
Acción de gracias por un favor concedido 95
Oración para un suicida...96
Oración a San José 96
Oración a San Pablo apóstol 96
Oración de gracias a San Antonio...........................97
Oración para alejar los malos espíritus...................97
Invocaciones (San Ignacio de Loyola) 98

Oración al Padre (Carlos de Foucauld).......................98
Oración de confianza.....................................99
Tarde te amé (San Agustín)..............................99
Oración de tiempo ordinario 100
Oración a la Virgen del Pilar............................100
Oración por la Paz del Mundo 100
Oración por la Unión de las Iglesias.....................101
Plegaria a Jesús 101
Equilibrio..103
Reflexión 104
Entusiasmo es juventud
(Credo del General MacArtur) 104
Plegaria de una anciana monja 105
Máximas 108

OTROS LIBROS PUBLICADOS

MAGIA CASERA SUPER FÁCIL
Una guía sencilla y práctica para la magia del ama de casa.
Proteja su casa y logre salud, dinero y amor.
Por Ramón Plana L. y Miguel G. Aracil

Más de 100 maneras simples y curiosas de practicar una magia que no por sencilla deja de ser eficaz. La mayoría de recetas contenidas en este libro han sido recogidas de antiquísimos manuales y de los "recuerdos de la abuela".
Pero, verdaderamente, ¿qué es la magia?, ¿quién y cómo la puede realizar? Se ha procurado que lo constructivo juegue un papel fundamental, UNIR y no separar, AMAR y no odiar.

GUÍA PRÁCTICA DE LOS PERFUMES MÁGICOS
La magia a través de los aromas.
Por Ramón Plana y Pedro Palao Pons

En este libro se hallan las formas y maneras más útiles de combinar los perfumes, haciendo que sean fiel ayuda del Acto Mágico.
Cada perfume tiene un destino eficaz y una manera de uso.
Salud, Dinero y Amor, en sus más diversas variantes, pueden conseguirse, o al menos estar muy cerca de ellos, si se siguen al pie de la letra las indicaciones del libro.

ORACIONES Y NOVENARIOS MÁGICOS
Dedicados a los santos imposibles.
Las oraciones que nos ayudan.
Por Ramón Plana López

Hay tres tipos de oración: de adoración, de acción de gracias y de petición (con respuesta). ¿Para qué sirven las oraciones? ¿Podemos obtener más beneficios a través de una Novena? ¿Qué diferencia hay entre una Oración, Novena y Pregaria? ¿Quiere conocer dónde reside el secreto de una petición? ¿Son mágicas las Oraciones y Novenas?

GUÍA PRÁCTICA DEL OUIJA
El diálogo con el subconsciente.
Por Ramón Plana y Mitxel G. Mohn

¡Por primera vez en España, un libro que detalla todo sobre la Ouija! ¿Podemos contactar con otras entidades? ¿Cuáles son los sistemas para "hablar" con el Más Allá?
¿Es peligrosa la ouija? ¿Existen limitaciones para practicarla? Este libro le responde a las preguntas sobre la ouija: sus sistemas de ponerla en práctica, sus contraindicaciones, cómo interpretarla, sus límites, sus peligros y su nexo con otros planos.

OTROS LIBROS PUBLICADOS

Peter Stone

SEA USTED SU PROPIO MAGO
A través de los objetos mágicos. Consiga Salud, Dinero y Amor.
Por Peter Stone

En la actualidad existen multitud de objetos que por sus características y simbología están considerados mágicos, lo que significa que pueden ayudar y contribuyen ciertamente a ello en pos de una mejor salud, dinero abundante, amor estable y una suerte y fortuna más aceptable.
En el libro se detallan cada uno de dichos utensilios y objetos, así como la mejor manera de llevar a cabo los rituales.

Pedro Romano EL ÚLTIMO PAPA
Para el Fin de los Tiempos. Según las Profecías de San Malaquías y el Apocalipsis de San Juan.
Por Luis Utset y Ramón Plana

Según las profecías de San Malaquías quedan solamente dos Papas (después del actual) para el Fin de los Tiempos. Un sinnúmero de señales están vaticinando ya ésta venida; la falta de alimentos, de agua, las guerras generalizadas, etc. están acarreando una incomprensión mundial similar a la Torre de Babel.

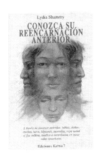

CONOZCA SU REENCARNACIÓN ANTERIOR
A través de diversos métodos: Tablas, dados, sueños, tarot, hipnosis, monedas. Sepa usted si fue militar, médico o sacerdotisa en otras vidas anteriores.
Por Lydia Shammy

¿Sabía usted que todas las religiones orientales creen en la reencarnación? La creencia en la reencarnación dentro del seno de la religión católica fue aceptada hasta el año 553. Los sistemas aquí descritos son el resultado de estudios esotéricos realizados durante largos años.

HADAS, GNOMOS, SÍLFIDES, ONDINAS
...Y Salamandras, Duendes, Trasgos, Elfos y Ninfas. Todos los Elementales al descubierto.
Por Miguel G. Aracil

Dentro del mundo de lo invisible los elementales juegan un papel a todas luces desconocido y misterioso que muy pocos conocen. El autor de esta obra, investigador de lo insólito, nos descubre los Gnomos, Duendes, Elfos, Sílfides, Hadas, Salamandras, Ondinas, Ninfas y Trasgos, cómo se mueven y cómo actúan en su plano y también en el nuestro.

OTROS LIBROS PUBLICADOS

ÁNGELES, ARCÁNGELES, SERAFINES, QUERUBINES

Novena y oraciones al Angel Custodio. Otras oraciones para solicitar a los Ángeles todo tipo de necesidades.

Por Luis Utset Cortés

Este libro consta de dos partes. La primera explica, con detalle, la existencia de los ángeles en la historia de la humanidad y su repercusión en los hechos más significativos.

La segunda recoge la Novena y oraciones al Angel Custodio, así como otras oraciones dirigidas a las distintas jerarquías angélicas para solicitar todo tipo de necesidades.

EL LIBRO MAGNO DE LA CRUZ DE CARAVACA

Historia, Novena, Rituales y Tesoro de Ora-ciones de la Cruz de Caravaca.

Anónimo

Además de contener el Tesoro de Oraciones de la Cruz de Caravaca, puede leerse en este libro su legendaria historia, así como una serie de rituales sencillos, prácticos y originales a realizar en pro de las necesidades específicas de cada persona. Igualmente, el lector hallará la Novena a la Santa Cruz de Caravaca, denominada la "Novena de los Mil y Un Favores".

EL TAROT DE MARSELLA SUPER FÁCIL

Videncia, Sabiduría y Poder. Una guía práctica e imprescindible para aprender a echar la cartas del Tarot con prontitud y seriedad.

Por Olga Roig y Peter Stone

El Tarot de Marsella es el más conocido y empleado en carto-mancia. A través de él, y como uno de los más firmes soportes de la Videncia, puede servir de fiel ayuda en respuesta a pre-guntas en momentos de indecisión o duda. Esta obra está con-cebida como guía imprescindible para interpretar los Arcanos Mayores y Menores tanto al derecho como al revés.

LA MAGIA DEL HIPNOTISMO

Guía sencilla y práctica para aprender a hipnotizar con pron-titud y seguridad.

Por el Profesor D'Arbó

Desde el nacimiento de la Hipnosis hasta nuestros días el ser humano parece haber descubierto todo sobre este misterioso tema, que hoy ya no lo es tanto. Cualquier persona puede hip-notizar, pero es necesario conocer las formas de hacerlo y saber las ventajas e inconvenientes con que se puede encontrar. Este libro va a servirle como guía práctica, infalible y sencilla para hipnotizar y también para practicar Autohipnosis.